Tobi Kämmerer, Tina Wurster

Tobis Städtetrip

AF628115

Tobi Kämmerer
Tina Wurster

tobis städtetrip

Hessen ganz besonders entdecken

hr fernsehen
hr3
societäts\verlag

BILDNACHWEIS

Im Auftrag des Hessischen Rundfunks:
Johanna Mihm, Manon Baehr, Friso Richter, Christine Siepe, Tobi Kämmerer, Lukas Lowack

Mit Außnahme von:
Seite 72: Katharina Wallat
Seite 54: Harald Lueder/Shutterstock
Cover + Seite 208 (oben): © Niels Burock
Logos: Hessischer Rundfunk, hr3, hr-fernsehen

MIX
Papier | Fördert gute Waldnutzung
FSC® C106954
www.fsc.org

Klimaneutral
Druckprodukt
ClimatePartner.com/17357-2305-1002

2. Auflage
Alle Rechte vorbehalten · Societäts-Verlag
© 2023 Frankfurter Societäts-Medien GmbH
Satz: Julia Desch, Societäts-Verlag
Umschlaggestaltung: Julia Desch, Societäts-Verlag
Druck und Verarbeitung: Florjancic tisk, Maribor
Printed in Germany 2023

ISBN 978-3-95542-458-9

Besuchen Sie uns auch im Internet:
www.societaets-verlag.de

INHALT

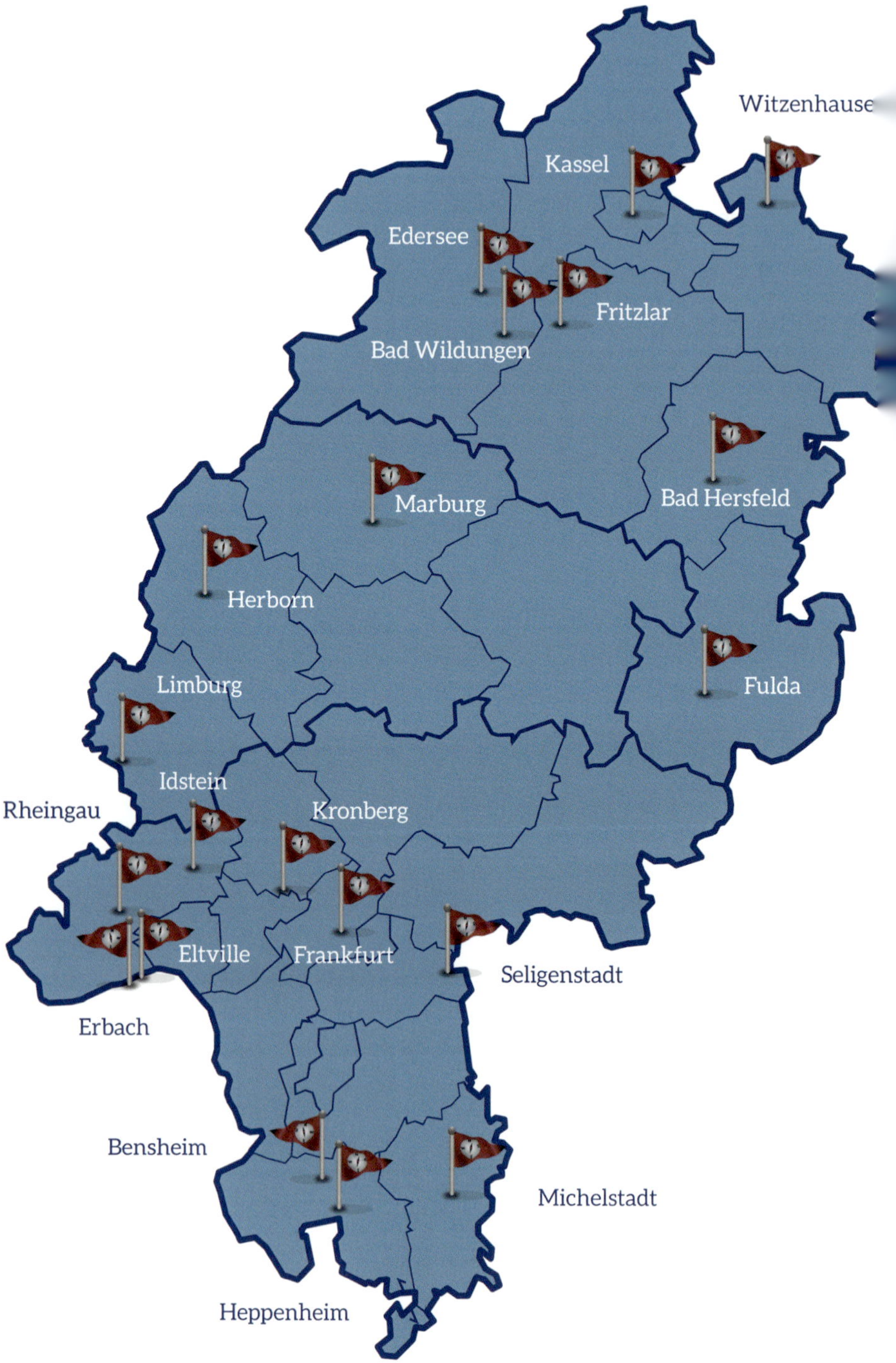

Witzenhause
Kassel
Edersee
Fritzlar
Bad Wildungen
Marburg
Bad Hersfeld
Herborn
Limburg
Fulda
Idstein
Rheingau
Kronberg
Eltville
Frankfurt
Seligenstadt
Erbach
Bensheim
Michelstadt
Heppenheim

VORWORT

Mach doch mal Urlaub zu Hause. Diesen Tipp hören wir immer wieder und suchen das Neue dann trotzdem meist lieber in der Ferne.

In anderen Ländern gehen wir auf Entdeckungstour, probieren Freizeitparks aus, schauen uns Kirchen an, futtern uns durch die Restaurants, die in Reiseführern angepriesen werden. Das ist ohne Frage eine sehr gute Idee, aber wir gehen jede Wette ein, dass ihr all das auch in Hessen erleben könnt. Wir nehmen euch mit zum ersten Computer der Welt, zeigen euch, wo der kleine Goethe gespielt hat, stellen euch hessische Designerinnen und Designer vor, erkunden die Geheimnisse prächtiger Schlösser und sorgen für Action auf Land und im Wasser. Vor allem aber stellen wir euch die Menschen und ihre Geschichten vor, die all diese Orte so besonders machen. Mit uns lernt ihr Hessen ganz neu kennen und vielleicht inspiriert euch das ja, den nächsten Urlaub hier zu verbringen. Langweilig wird es garantiert nie – versprochen!

Tobi Kämmerer
Tina Wurster

BENSHEIM

In Bensheim an der Bergstraße gibt es immer ein bisschen mehr Sonne als im Rest von Hessen. Knapp 2.000 Sonnenstunden erleben die Bensheimer im Jahresschnitt, und das sorgt dafür, dass nicht nur der Wein gedeiht, sondern auch exotische Früchte wie Kiwis oder Feigen.

Rund 40.000 Menschen leben hier und der Genuss scheint dabei eine große Rolle zu spielen. Wir überprüfen das natürlich allzu gerne und fangen gleich mit etwas Großem an.

Davids bestes Stück: Der riesige Smoker

Auf uns wartet der beste Ort für Fleischliebhabende.

Meatheaven

Wenn David kocht, braucht er keinen Herd, sondern er schmeißt seinen Dampflok-großen Smoker an. Der steht im Ortsteil Auerbach vor seinem Restaurant und ist ein echter Blickfang. Hinter einer großen Klappe wird zuerst ein Feuerchen gemacht und dann ziehen Rauch und Wärme durch den Ofen und garen langsam, aber sicher das Fleisch im Inneren. Das dauert mehrere Stunden, bis es schließlich innen zart und außen knusprig herauskommt. Für Fleischfresser wie mich sieht es unfassbar lecker aus und es riecht so gut, dass ich auf jeden Fall probieren muss. Während David draußen das Beef zupft und mir einen Burger richtet, warte ich drinnen bei einem selbstgebrauten Bier und bestaune die blankgeputzten Kupferkessel, in denen es gemacht wird. Als David den Burger bringt, bin ich im Himmel. Butterzart, saftig und knusprig ist das Fleisch, nur gewürzt mit Pfeffer, Salz und etwas Zwiebelpulver, mehr braucht es nicht fürs Essensglück.

Meatheaven
Darmstädter Straße 231 · 64625 Bensheim
Tel.: 06251-72525 · www.meatheaven.de

Nach dieser genussvollen Rast zieht es uns raus. In Bensheim gucken viele in so einem Fall erst mal nach oben. Wenn die Flagge am »Kirchberghäuschen« weht, ist die Lieblingsgastronomie der einheimischen Ausflugsfans geöffnet. Zu Fuß geht es nach oben, auf einen Schoppen und eine geniale Aussicht über die Gegend.

Macht euch auf etwas gefasst.

Wir machen hier aber nur kurz Halt, bevor wir weiterziehen, zum nächsten Ausblick.

Einzigartig: die Sagenkiefer wächst mitten im Schloss

Schloss Auerbach

Wer eine der eindrucksvollsten Ruinen Südhessens besuchen will, muss rauf auf den Auerberg. Dort liegt das mächtige Schloss Auerbach, das im 13. Jahrhundert als Abschreckung für Feinde und zur Verteidigung der Obergrafschaft Katzenelnbogen gebaut wurde. Riesengroß ist es und ich glaube, wäre ich ein Feind gewesen, ich hätte schon beim Anblick der ausladenden Mauern Fersengeld gegeben. Im Dreißigjährigen Krieg wurden Teile des Schlosses zerstört, aber es gibt immer noch genügend Räume, in denen Schlossherr Andreas seine Eventgastronomie betreiben kann. Rittermahle könnt ihr bei ihm buchen, in einer Umgebung, die sich nicht echter anfühlen könnte. Gemeinsam laufen wir viele Treppen nach oben, denn da wartet laut Andreas etwas weltweit Einzigartiges auf uns. Durch den sogenannten Pfaffengang geht es auf ein Plateau, von dem aus man an klaren Tagen bis in die Pfälzer Berge schauen kann. Die größere Überraschung ist allerdings die sogenannte Sagenkiefer, ein prächtiger Baum, der seit mehr als 270 Jahren mitten im Schloss wächst. Was der wohl alles schon erlebt hat?! Malt es euch aus, wenn ihr selbst auf Erkundungstour geht.

Schloss Auerbach
Ernst-Ludwig-Promenade · 64625 Bensheim
Tel.: 06251-72923 · www.schloss-auerbach.de

Nach dem Abstieg vom Schloss geht es für uns rein in die Innenstadt. In Bensheim gibt es übrigens nicht nur mehr Sonne als anderswo, angeblich beginnt auch der Frühling an der Bergstraße früher als im Rest von Deutschland. Ideal für einen Kaffee an der frischen Luft. Den besten haben wir bei unserem Besuch auf dem Marktplatz getrunken. Das Café von damals gibt es nicht mehr, die Bohnen aber schon. Mo röstet sie selbst und verkauft seine Kreationen über einen Internetshop (www.redcode-coffee.de). Hier könnt ihr ein bisschen exotisches Bensheim für zu Hause bekommen. Eine kleine Mo-Kaffee-Weisheit lassen wir euch auch noch da: Die Bohnen werden erst geröstet und ruhen dann noch ein paar Tage, bevor sie trinkfertig sind. In der Zeit geben sie CO_2 ab, was wir bei frischem Kaffee daran erkennen, dass sich die Tüten noch ein wenig aufblähen.

Das sagt ja wohl alles!

Bisher war unser Ausflug nach Bensheim geprägt von Genuss, und das war noch lange nicht alles, was die Stadt uns in dieser Hinsicht zu bieten hat. Vor dem Absacker machen wir aber erst noch die Träume von Flieger- und Technikfreaks wahr.

Einmal Pilotenfeeling erleben? Kein Problem.

Red Stars

Wer sich für Flugzeuge interessiert, ist in Hessen meist am Flughafen Frankfurt zu finden, wo die Maschinen im Minutentakt starten und landen und wo man sie aus sicherem Abstand mit dem Fernglas verfolgen kann. Wer näher ran will, fährt nach Bensheim und schaut sich die Sammlung von Jürgen an. Auf einem Werksgelände hat er mehrere russische Kampfflugzeuge und Militärhubschrauber geparkt und für jeden zugänglich gemacht. Jürgen ist Hobbypilot und hat schon vor Jahren angefangen, technisches

Flugzeugequipment zu sammeln. In einer Anzeige entdeckte er irgendwann ein Cockpit, das ihn interessierte. Das allerdings gab es nur mit dem kompletten Flugzeug drum herum. Jürgen griff zu und begründete damit seine Sammlung, die mittlerweile sechs Jets und zwei Hubschrauber umfasst. Alle Flieger, die er gekauft hat, sind technisch vollständig, aber demilitarisiert, das heißt, sie fliegen nicht mehr. Dafür können Besuchende die Chance ergreifen, hineinklettern und sich einmal im Leben wie Piloten fühlen. Ich probiere das natürlich aus, komme aber nur mit Mühe in das enge Cockpit der silberglänzenden MiG. Das sah bei Tom Cruise in Top Gun irgendwie geschmeidiger aus. Probiert es am besten selbst einmal.

Red Stars Bensheim
Schillerstraße 80 · 64625 Bensheim
Tel.: 06251-9380 · www.redstars-bensheim.de

Nachdem wir die fliegenden Riesen hinter uns gelassen haben, geht es zurück in die Bensheimer Fußgängerzone. Hier warten jede Menge

Probesitzen in der MiG

Kleinigkeiten, die man beim Bummeln schnell übersieht. Für die ist Liselotte Expertin.

Augen auf und los.

Stadtführung Bensheim

Bensheim ist eine Stadt voller Überraschungen, die manchmal allerdings ein bisschen versteckt sind. Die Inschrift an einem Fachwerkhaus zum Beispiel, wo ein Datum und der Name »ANDRES« zu lesen sind. Wer genau hinsieht, stellt fest, dass das D falsch herum aufgemalt ist. Keine Absicht, schmunzelt Lieselotte, da hat der stolze Hausbesitzer die Buchstabenschablone einfach falsch herum gehalten. Wahrscheinlich war er Analphabet und wusste es nicht besser. Ein Phänomen, das angeblich auch auf vielen Grenzsteinen zu sehen ist. Denn damals waren viele Steinmetze des Schreibens ebenfalls nicht mächtig und behalfen sich mit vorgefertigten Schablonen. Manchmal ging das schief und die Buchstaben purzelten durcheinander. Etwas, das nur auffällt, wenn man es weiß.

Eine andere Geschichte, mit der Lieselotte aufräumt, ist die Romantik der Himmelbetten. Hier in Bensheim gab es allein im »Gasthaus zur Armbrust« 22 davon. Die hatten die Gäste im 17. Jahrhundert allerdings selten für sich alleine. So ein Himmelbett teilten sich bis zu sechs Leute. Fremde oder Freunde? Total egal. Der Himmel obendrüber sorgte entsprechend auch nicht für eine kuschelige Stimmung, sondern war dafür

Augen auf, hier lauern Geschichten!

da, die an der Decke krabbelnden Wanzen abzufangen, bevor sie den schlafenden Gästen auf den Kopf fielen.

Tourist Information · Hauptstraße 53 · 64625 Bensheim
Tel.: 06251- 869610
https://bensheimerleben.de/tourismus/ausfluege

Ausgestattet mit neuem Angeberwissen aus Bensheim, ziehen wir weiter, denn unsere Genuss-Tour ist noch nicht zu Ende. Wir sind schließlich in einer Weinbau-Gegend und wollen probieren, was hier ins Glas kommt. Dabei gibt es nicht nur die Klassiker, sondern auch eine echte Überraschung.

Hier wartet ein ganz besonderer Genuss.

Sekthaus Griesel

Drei junge Leute wollen gemeinsam Großes erreichen. So könnte das Motto von Rabea, Niko und Gregor lauten. In einem alten Gewölbe, das früher dem Land gehörte, machen sie heute ausgezeichnete Getränke. In großen Fässern reifen die guten Tröpfchen hier und dafür braucht es wenig Zusätze. Die beiden Winzer-Asse Rabea und Niko erklären mir, dass die wilden Hefen aus ihrem Weinberg und dem Keller hier ausreichen, um aus den Trauben guten Wein zu machen. Ein Probeglas bestätigt diese Theorie: Lecker ist es! Das mit den wilden Hefen scheint zu funktionieren. Davon zeugen auch die zahlreichen Auszeichnungen, die es für die Weine und Sekte bisher gab.

Der Dritte im Bunde ist Destillateur Gregor, und der stellt in diesem Gewölbe etwas her, das in unseren Gefilden selten ist: Deutschen Rum. Dafür importiert er Zuckerrohrmelasse, die er mit Wasser versetzt und in der Sonne gären lässt. Der Rest passiert von alleine, und wenn die wilden Hefen ihren Dienst tun, dann kommt ein leckeres Schlückchen dabei heraus.

Besuch im Allerheiligsten: hier lagern richtig gute Tropfen

Sekthaus Griesel & Compagnie
Grieselstraße 34 · 64625 Bensheim
Tel.: 06251-8696891 · www.griesel-sekt.de

Unser Fazit:

Wir wollten uns auf die Suche nach den besonderen Bensheimer Genüssen machen und wir haben vieles gefunden. An diesem sonnenverwöhnten Flecken gibt es guten Kaffee, saftiges Fleisch und prämierte Weine. Ihr findet hier aber auch alte Gemäuer, tolle Aussichten und Menschen, die ihre Träume mit euch teilen. Packt die Sonnencreme ein, schnappt euch das Fernglas und bringt genug Appetit mit, dann seid ihr hier genau richtig.

HEPPENHEIM

Am äußersten Südzipfel Hessens liegt die Bergstraße und dort die Kreisstadt Heppenheim. Eine Gegend, die für ihre idyllischen Wanderwege bekannt ist und für eine lange Geschichte. Im Jahr 755 wurde Heppenheim das erste Mal schriftlich erwähnt und bis heute findet man hier angeblich geheimnisvolle Orte und die tollsten Schätze. Danach wollen wir suchen und starten unsere Erkundungstour in der Heppenheimer Altstadt.

Hier kommen Genuss und Geschichte zusammen.

Muse Chocolat

Verwinkelte Gassen, Kopfsteinpflaster und viel Grün gibt es hier und mittendrin liegt das »Muse Chocolat«. Nicole ist hier die Chefin und ein bisschen wirkt ihr gemütliches Frühstücksrestaurant und Café wie eine helle Höhle

Wer kann dazu schon Nein sagen?

mit den halbrunden Decken und der dezenten Beleuchtung. Hinter der offenen Theke werden selbst gemachte Kuchen, Crêpes und Eis zu kleinen Kunstwerken gerichtet. Mir läuft das Wasser im Munde zusammen, aber bevor ich mich setze, schaue ich mich erst mal genauer um. Mein Blick fällt auf eine dicke, unverputzte Mauer, die hinter einem der Herde hervorblitzt. Nicole erzählt mir, dass diese Steine ein Teil der historischen Stadtmauer sind. Ein Gast mit Geschichts-Know-how und alten Stadtplänen hat sie darauf aufmerksam gemacht, dass ihr Haus genau daran grenzt. Als sie es übernommen hat, war dieser Schatz noch unter dickem Putz verborgen und Nicole und ihr Mann haben ihn mit viel Geduld beim Renovieren freigelegt. Das war allerdings erst der Anfang, lächelt Nicole und nimmt mich mit durch einen Gang, der in den ersten Stock hinaufführt. Auch der war verschüttet, bis Nicole und ihr Mann von zwei Seiten anfingen zu graben und erst aufhörten, als sie sich in der Mitte wiedertrafen. Ein romantischer Arbeitseinsatz, der sich gelohnt hat, denn heute führt der Gang in den Blauen- und den Damensalon, wo ebenfalls Gäste sitzen und es sich schmecken lassen. Zwei Jahre lang, verrät mir Nicole, haben sie und ihr Mann nach einem passenden Haus gesucht und am Ende eine Ruine gekauft, die keiner haben wollte. Die ist nun ein echtes Schmuckstück geworden, und als ich hier noch einen karamellisierten Apfelcrêpe serviert bekomme, ist mein Glück vollkommen.

Muse Chocolat
Marktstraße 4 · 64646 Heppenheim
Tel.: 06252-9676740 · www.musechocolat.de

Einen Teil des historischen Heppenheims haben wir schon gefunden. Nur ein paar Meter weiter wartet der nächste auf uns. Das Beste daran: Es duftet auch aus dieser Tür verlockend nach Schokolade.

Hier können Leckermäuler unmöglich vorbeilaufen.

Das Schokoladenparadies

Haus der Muse/Schokoladenzimmer

Ein Süßmaul wie ich fällt in Heppenheim von einer Schatzkammer in die nächste. Das »Haus der Muse« ist das Reich von Patissier Detlef, und der tobt sich hier an großen Töpfen flüssiger Schokolade aus. Die wird erst conchiert, also lange gerührt und veredelt und danach zu Pralinen und anderen Leckereien gemacht. Das, was ihr bei Nicole im Café auf den Teller bekommt, kriegt ihr hier zum Mitnehmen für zu Hause. Was für eine gute Idee. Genauso wie die, aus dem Keller von Detlefs Schokoladenreich einen Veranstaltungsraum zu machen. In dem alten Gewölbe, in dem früher Öltanks untergebracht waren, findet ihr jetzt raue Steinwände, einen warmen Holzboden, dezente Beleuchtung und die Wurzeln von Heppenheim. In mehreren Vitrinen sind Mauerreste ausgestellt, die aus dem Jahr 700 stammen. Einfach dazusitzen, zu genießen und nebenbei auf die Historie der Stadt zu schauen, das hat Flair. Damals befanden sich hier noch geheime Gänge zur Schlossschule und zur Vogtei des Klosters Lorsch. Heute findet ihr in diesen gemütlichen Räumen einen herzlichen Gastgeber und seine selbst gemachten Köstlichkeiten.

Haus der Muse
Marktstraße 1 · 64646 Heppenheim
Tel.: 06252-9676740 · www.musechocolat.de

Nachdem wir wieder aus dem historischen Keller aufgetaucht sind, spazieren wir weiter durch die gemütlichen Gassen der Heppenheimer Altstadt. Zu sehen gibt es einiges, und damit wir nichts verpassen, holen wir uns professionelle Begleitung dazu.

Hier erzählen sogar die Laternen Geschichten.

Stadtführung Heppenheim

Natürlich gibt es in einer alten Stadt wie Heppenheim viele Geschichten zu erzählen und Stadtführerin Pia kennt sie alle. Sie macht mich vor allem auf die besonderen Kleinigkeiten aufmerksam, die man beim Stadtbummel sonst oft übersieht. Auf manchen Laternen zum Beispiel findet man das Bild eines schwarzen Hundes. Das ist der Melampus, erklärt Pia, der früher ein treuer Beschützer der Burg Starkenburg gewesen sein soll. In fried-

Auf den Spuren von Grace Kelly

lichen Zeiten überbrachte er durch einen geheimen Gang Botschaften von der Burg zum Kloster Lorsch und umgekehrt. Als die Burg angegriffen wurde, kämpfte der treue Hund bis zum Ende, schleppte sich noch in den Geheimgang und starb dort einen Heldentod. Angeblich bewacht sein Geist die Stadt bis heute. Eine gute Geschichte und die nächste wartet in der laut Pia schönsten Gasse Heppenheims, der Schunkengasse. Die Bewohner haben hier mit Blumen und Büschen eine grüne Oase mitten in der Stadt geschaffen. In einem dieser Häuser lebte früher Margarethe Berg, bis sie 1890 nach Amerika auswanderte. Ihren Namen kennt kaum einer, aber ihre Enkelin sollte eine der berühmtesten Frauen der Welt werden: Grace Kelly, Filmstar, Oscarpreisträgerin und First Lady von Monaco. Ich schicke einen leisen Gruß gen Himmel und frage mich, ob sie wohl gewusst hat, dass ihre Wurzeln hier in Südhessen liegen.

Stadtführungen Heppenheim · Tourist Information
Friedrichstraße 21 · 64646 Heppenheim · Tel.: 06252-131171
https://www.heppenheim.de/heppenheim-erleben/tourismus/fuehrungen/

Knapp 27.000 Menschen leben hier und sie sind es, die Heppenheim so liebenswert machen, sagt man. Bestes Beispiel ist meine Begegnung mit Lisa und Muffin, dem wahrscheinlich klügsten Pony Hessens. Muffin ist ein wuscheliges braunes Shetlandpony und weil Lisa zu groß ist, um ihn zu reiten, hat sie ihn stattdessen zum Show-Pony ausgebildet. Rund 30 verschiedene Tricks kann er, dazu gehören: Teppiche aufrollen, Ringe werfen, Huf geben, lachen und Ball spielen. Seine Pässe kommen übrigens genauer als die von manchem Fußballer. Ihr habt die Chance, Lisa und Muffin entweder beim Üben in der freien Natur zu treffen oder als Show-Act bei Festen. Dieses Team ist eine echte Attraktion, aber nicht die einzige in Heppenheim.

Dieses Team ist eine echte Attraktion!

Franz Lambert, der Orgelgott

Einer der bekanntesten und erfolgreichsten Organisten Deutschlands ist Heppenheimer: Franz Lambert. Ein Mann der Tasten und ein Mann mit Herz, der schon seit mehr als 50 Jahren auf der Bühne steht. Eine riesen Karriere, die mit einer Einladung von Heinz Schenk in dessen Sendung »Zum Blauen Bock« startete. Mittlerweile hat Franz mehr als 100 Alben herausgebracht, die zahlreichen Auszeichnungen an seinen Wänden zeugen davon, wie erfolgreich er mit seiner Musik war und ist. Das Herzstück seines Hauses ist natürlich das Musikzimmer, wo seine weiße Lieblingsorgel steht, in der sich ein ganzes Orchester verbirgt. Während wir nebeneinander vor den Tasten sitzen, schauen wir auf die vielen Bilder, die Franz mit seinen prominenten Fans zeigen. Darunter Helmut Schmidt, Richard von Weizsäcker und King Charles III. Aber natürlich spielt Franz nicht nur für die Promis, sondern auch für

Hier werden Hits komponiert

uns. Der Heppenheimer Orgelgott ist immer noch unterwegs und gibt Konzerte in ganz Deutschland.

Franz Lambert (Büro)
Kirchbergstraße 35 · 64646 Heppenheim
Tel.: 06252-4400 · www.franzlambert.de

Heppenheim war im Mittelalter eine befestigte Stadt, die drei Tore hatte. Abends wurden die natürlich dichtgemacht, damit niemand unbeobachtet hereinkam. Pech für alle, die unterwegs waren und nicht pünktlich zurückkamen. Je näher die Schließzeit kam, desto größer wurde bei ihnen die Torschluss-Panik. Der Begriff ist uns geblieben, auch wenn wir mittlerweile herein- und herauslaufen, wie es uns gefällt. Wir machen uns auf zur Heppenheimer Freilichtbühne, wo sich gerade eine Horde Biker trifft. Das sind die Motorradfreunde Heppenheim und weil die, typisch Heppenheim, herzlich und zugewandt sind, zeigen sie uns das nächste Highlight.

Der tollste Ausblick auf die Gegend.

Burg Starkenburg

Die anderen fahren mit dem Bus, ich darf bei Peter auf dem Motorrad mitfahren und genieße es, mir den Wind um die Nase wehen zu lassen. Aufwärts geht es zur Burg Starkenburg, die von einem Hügel etwas außerhalb auf Heppenheim herunterblickt. Fast 1.000 Jahre ist sie alt, gebaut 1065 und ursprünglich dafür gedacht, Kloster Lorsch zu beschützen. 700 Jahre lang ging das so, bis die Burg verlassen wurde und verfiel. Heute steht sie unter Denkmalschutz und bietet ihren Besuchern tolle Ausblicke auf die Rheinebene mit ihren Weinbergen und Wäldern. An klaren Tagen schaut ihr von hier aus bis nach Frankreich hinüber. Ihr könnt aber nicht nur die Aussicht genießen, sondern auch in Rittersälen und Turmzimmern übernachten. Burg Starkenburg ist heute eine beliebte Jugendherberge.

Beliebtes Ausflugsziel und Jugendherberge: Burg Starkenburg

Burg und Jugendherberge Starkenburg
Starkenburgweg 53 · 64646 Heppenheim
Tel.: 06252-77323 · https://www.jugendherberge.de/jugendherbergen/starkenburg-heppenheim/portraet/

Unser Fazit:

Ein Schatz besteht nicht immer nur aus Gold und Edelsteinen. In Heppenheim sind es alte Gemäuer, handgemachte Leckereien, ein Hauch von Hollywood und Menschen, die ihre Besucher herzlich aufnehmen. Eine Stadt, die ihr nicht nur hautnah, sondern gänsehautnah erleben könnt. Am besten bei einem leckeren Stück Kuchen und einem Glas Wein aus der Gegend.

ERBACH

Im Süden von Hessen, mitten im Odenwald, umringt von Wiesen und dichten Wäldern, liegt Erbach. Ein uraltes Städtchen, das 1095 zum ersten Mal in den Geschichtsbüchern auftaucht, damals noch als Ertbach. Ein paar Namen und viele Jahrhunderte später ist Erbach im Besitz eines prächtigen Schlosses und die Heimat von rund 14.000 Menschen. Die sind nicht nur bekannt für ihren Dialekt, sondern angeblich auch für ihre Kreativität. Der Sache wollen wir nachgehen und beginnen unsere Suche in der größten Schatzkammer des Ortes.

Im Erbacher Schloss wartet das Unerwartete.

Erbacher Schloss

Bei dem Wort Elfenbein grummelt es in meinem Bauch, denn die Geschichten, die sich um das weiße Gold ranken, sind keine schönen. Fernab von afrikanischer oder indischer Exotik spielt allerdings ausgerechnet Erbach in Sachen Elfenbein eine große Rolle, denn es war eine Hochburg für die Kunst der Elfenbeinschnitzerei und das Erbacher Schloss beherbergt seit Mitte der 60er Jahre das einzige Elfenbeinmuseum Europas. Edda zeigt mir die Sammlung aus Figuren, Tieren oder Alltagsszenen in Elfenbein. Beeindruckend ist das schon und natürlich sind die Stücke hier alle sehr alt, denn seit den 80er Jahren gibt es ein Handelsverbot. Die Handwerkskunst allerdings ist mittlerweile wiederbelebt worden, verrät Edda. Allerdings nutzen die Kunstschaffenden mittlerweile alternative Materialien, wie pflanzliches oder fossiles Elfenbein. Das Grummeln im Bauch lässt nach und wir widmen uns den anderen Sehenswürdigkeiten des Schlosses. Da gibt es die Wagenhalle mit ihren hellblauen Wänden, die so großzügig gebaut wurde, dass die hohen Herrschaften damals tatsächlich mitsamt Kutsche hier einfuhren. Sehr praktisch bei schlechtem Wetter und eine gute Alternative zur modernen Tiefgarage.

Auch aus der Luft sieht das Erbacher Schloss fantastisch aus

Sehenswert sind aber auch die riesigen Geweihe, die Waffensammlung des Grafen Franz I. zu Erbach-Erbach und die gut erhaltenen Ritterrüstungen. Letztere sehen übrigens alle unterschiedlich aus, was daran liegt, dass die Herren Ritter durchaus modebewusst waren. Es gab regelmäßig neue Kollektionen und wer etwas auf sich hielt, schaffte sich von Zeit zu Zeit eine neue Rüstung an. So ging Fashion im Mittelalter.

Schloss Erbach
Marktplatz 7 · 64711 Erbach im Odenwald
Tel.: 06062-809360 · www.schloss-erbach.de

Raus aus dem Schlosspark, hinein ins wilde Grün. Wir machen uns auf Richtung Erbach-Günterfürst. Hier wohnen gerade mal 800 Leute und einer von ihnen sorgt dafür, dass der Odenwald auch etwas zum Mitnehmen ist.

Wer die Region liebt, zieht sie sich am besten an.

Kreativität zu Hause im ODWLD

ODWLDR

Inmitten von grünen Hügeln, in einem gemütlichen Wohnhaus, haucht Marc dem Odenwald einen modernen Twist ein. Er liebt seine Heimat mitsamt dem Dialekt, deswegen lag es für ihn nahe, beides auf Klamotten, Kappen oder Geschenkartikeln zu verewigen. Ein einfaches Konzept, das voll eingeschlagen ist. Bei Marc findet ihr Tassen mit »ODWLDR«-Aufdruck, Kapuzenpullis oder T-Shirts mit einem herzlichen »GEMOJE« vorne drauf und vieles mehr. Marc wollte den Vorurteilen der angeblichen Odenwaldhölle etwas entgegensetzen und der Erfolg gibt ihm Recht. Mittlerweile liefert er seine Sachen sogar ins Ausland, denn auch dort weiß man den Odenwälder Dialekt und den Humor, der hier mitschwingt, zu schätzen. Es kommt eben darauf an, was man aus seinem Leben hier macht, sagt Marc, und ich habe den Eindruck, dass es bei ihm eine ganze Menge ist.

ODWLDR Lumpe GbR
Sophienstraße 72 · 64711 Erbach im Odenwald
www.odwldr.de

Die Liebe zu dieser Gegend ist übrigens bei vielen Erbachern deutlich zu spüren. Mystisch haben sie es hier mit satten Wiesen und tiefen Wäldern, und tatsächlich bedeutet »Odenwald« auch so viel wie »Wald der Sagen«. Genau da wollen wir nun hinein, denn hier warten nicht nur Abenteuer, sondern auch Genuss.

Grillseminar und Metzgerei Kirchschlager

Hier warten nicht nur Abenteuer, sondern auch Genuss.

Es wirkt wie eine Szene aus dem Märchen: Mitten im Wald, auf einer einsamen Lichtung an einem rauschenden Bach, stehen zwei Menschen und grillen. Hinter sich gemütliche Tische und Bänke, so als rechneten die beiden jederzeit mit Gästen. Das hier ist der Lieblingsort von Anja und Klaus, und wenn sie gerade nicht in ihrer Metzgerei in (Dorf)-Erbach stehen, sind sie hier und geben Grillseminare.

Klaus ist in der Gegend groß geworden und nennt die Lichtung seinen Abenteuerspielplatz. Hier tobt er seine Leidenschaft aus, und zwar an seinem gusseisernen Ofen, an dem er locker ein Drei-Gänge-Menü zaubern kann. Brot, Pizza, Flammkuchen, Gemüse, Fleisch, er bereitet alles zu, was das Herz begehrt. Das Meiste davon kommt aus der Metzgerei von Klaus und Anja und da wird durchaus auch experimentiert. Ich be-

Schlemmen wie Gott im Odenwald

komme eine »Surf-and-Turf-Bratwurst« serviert, die aus Fleisch, Linsen und Garnelen besteht. Umgeben von zwitschernden Vögeln, guter Luft und viel Ruhe schmeckt die gleich noch mal so gut.

Metzgerei Kirchschlager
Dreiseetalstraße 38 · 64711 (Dorf-)Erbach
Tel.: 06062-2980 · www.metzgerei-kirchschlager.de

Nach diesem Ausflug an die frische Luft geht es für uns zurück in die Erbacher Altstadt. Die ist ein gutes Beispiel dafür, wie kreativ die Odenwälder mit ihren historischen Gemäuern sind. Das alte Gefängnis zum Beispiel haben sie zum modernen Touristenbüro umgewandelt und nur der Pranger vor der Tür zeugt noch von der Vergangenheit des Hauses. Hier ist das Revier von Stadtführerin Christine, die zahlreiche Geschichten aus ihrer Heimat erzählen kann und sogar ein echtes Wunder für uns hat: den Erdbach. Der hat Erbach seinen Namen gegeben und er ist eine geologische Sensation. Wer seinem Lauf folgt, stellt nämlich fest, dass er irgendwann in einem Felsen verschwindet. Allerdings nicht für immer, denn 500 Meter weiter, an der alten Mühle, taucht er plötzlich aus dem Erdreich wieder auf. Schaut es euch an, das Wunder des Erdbachs in Erbach. Es bleibt nicht das einzige Wunder, das nächste allerdings ist menschengemacht.

Was haben ein Käfer und eine Schneekugel gemeinsam? Hier erfahrt ihr es.

Glücksfabrik

Was früher das Elfenbein für Erbach war, ist seit den 1930er Jahren der Kunststoff. In seiner ehemaligen Elfenbeinschnitzerei hat der Vater von Stefan damals eine Revolution eingeleitet und angefangen, Dinge aus Kunststoff herzustellen. Anfangs waren es Broschen, später kamen Deko-Artikel und Haushaltswaren dazu. Die ganze Geschichte der Familie Koziol und ihrer Ideen seht ihr im Koziol-Museum, dass offiziell den Namen »Glücksfabrik«

trägt. Das größte Glück ist übrigens in dem kleinen VW-Käfer entstanden, mit dem Stefans Vater vor vielen Jahren durch den Odenwald getuckert ist. Bei einer seiner Fahrten geriet er in ein dichtes Schneetreiben und als er so rausguckte aus seiner kleinen, fahrbaren Knutschkugel in die wilde Flockenpracht, kam ihm die Idee, dieses Bild in Kunststoff festzuhalten. Das war die Geburtsstunde der Schneekugel. Mittlerweile kennen wir die aus Souvenirshops auf der ganzen Welt, ihren Ursprung aber hat sie hier.

Dieser Käfer lieferte die Idee für die Schneekugel

Koziol Glücksfabrik
Werner-von-Siemens-Str. 90 · 64711 Erbach im Odenwald
Tel.: 06062-604325 · www.koziol-gluecksfabrik.de

Nach diesem tollen Spielplatz, der sowohl Kindheitserinnerungen als auch den Forschergeist weckt, ist unser nächstes Ziel wie gemacht für eine Fortsetzung. Wir packen unseren Übernachtungskoffer und fahren raus aus Erbach, nach Michelstadt-Vielbrunn.

Hier begeben wir uns auf eine Zeitreise in die 70er.

Parkhotel 1970

In Vielbrunn gibt es einen Ort, an dem buchstäblich die Zeit stehengeblieben ist: das Parkhotel. In den 70er Jahren war es ein Haus auf der Höhe der Zeit, mit stilvoller Einrichtung und großem Komfort. Dann wurden die Türen abgeschlossen, der Betrieb für 25 Jahre stillgelegt

Unglaubliche Zeitreise: hier ist alles original 70er Jahre!

und alles, was im Hotel war, überdauerte die Zeit wie im Dornröschenschlaf. Nun ist der Betrieb wiedereröffnet, mit Zimmern, Restaurant, Bar, Lobby und Festsälen, in denen nichts verändert wurde. Da gibt es den Keramik-Leoparden in Originalgröße, bunt gemusterte Tapeten, schwere Teppiche, riesige Funktelefone und vieles mehr. Otilia führt das Hotel gemeinsam mit ihrem Mann und sie zeigt mir ihr wahrscheinlich berühmtestes Zimmer: Die James-Last-Suite. Die Älteren erinnern sich. Der Großmeister der Unterhaltungsmusik hat hier tatsächlich mal gewohnt und zwischen den mit Teppich verkleideten Wänden auf dem Bett mit dem braunen Fell geschlafen. Ein Foto erinnert an diesen Besuch und ich überlege kurz, ob man ihn vielleicht mit dem weinflaschengroßen Telefon noch erreichen könnte. Ihr könnt hier übrigens auch übernachten, essen oder einen leckeren Filterkaffee trinken, und vielleicht entdeckt ihr das Hotel danach öfter mal in Filmen, Modezeitschriften oder Werbeprospekten wieder, denn natürlich ist so ein Kleinod wie das Parkhotel eine perfekte Kulisse.

Parkhotel 1970
Ohrnbachtalstraße 7 · 64720 Michelstadt-Vielbrunn
Tel.: 06066-9697996 · www.parkhotel-1970.de

Unser Fazit:

Wer den Odenwald nur vom Hörensagen kennt, sollte sich dringend auf den Weg machen und ihn persönlich kennenlernen. Hier warten fantastische Natur, Orte, an denen ihr Ruhe und Genuss findet, und viele heimatverbundene und sehr kreative Menschen, die mit dem Herzen sehr zu Hause sind. Viel zu entdecken gibt es auch und weil wir schon mal da sind, bleiben wir gleich ein bisschen länger und erkunden im nächsten Kapitel Michelstadt.

Gemütliches Erbach

MICHELSTADT

Nach unserem Besuch in Heppenheim hat uns der Odenwald gepackt. Hier gibt es so viel zu entdecken, dass wir direkt nebenan in Michelstadt weitermachen. Geboten wird unterm Jahr einiges: Der Veranstaltungskalender ist gut gefüllt mit Theater, Tanz, Flohmärkten, Festen oder Motto-Stadtführungen. Die rund 16.000 Einwohnerinnen und Einwohner wissen offenbar, sich zu amüsieren. Außerdem bietet das verwinkelte Michelstadt eine perfekte Kulisse für romantische Auszeiten, heißt es. Dem wollen wir natürlich auf den Grund gehen, und das geht am besten in der Vorweihnachtszeit. Da wird schon der Weg nach Michelstadt zur wildromantischen Ausfahrt.

Schon der Weg nach Michelstadt wird zur wildromantischen Ausfahrt.

Historische Eisenbahn

Vergessen wir mal den gerne zitierten Ärger über die deutsche Bahn und unpünktliche Züge, denn all das interessiert bei der Fahrt mit der historischen Eisenbahn von Frankfurt nach Michelstadt niemanden. Stattdessen staune ich über die glänzende schwarze Dampflok, die unseren Zug zieht und dafür von fleißigen Helfern mit Kohlen befeuert wird. In den Waggons gibt es genug Platz für alle, die sich hier ein Ticket gebucht haben, und sogar der original Mitropa-Speisewagen ist offen und bietet für die Fahrt von Frankfurt nach Michelstadt Snacks und Getränke an, weil Reisen ja bekanntlich nicht nur mich hungrig macht. Wir lassen die Hochhäuser hinter uns und zockeln gemütlich gen Süden. Drinnen lodert das Feuer, draußen dampft der Schornstein und ich schwöre mir im Stillen, dass ich das hier bald wiederholen werde.

Historische Eisenbahn Frankfurt e. V.
Intzestraße 34 · 60314 Frankfurt am Main

Die schönste Fahrt nach Michelstadt erlebt ihr in der historischen Eisenbahn

Tel.: 069-436093 (nur Sa. 11–16 Uhr)
www.historische-eisenbahn-frankfurt.de

Nach dieser sehr entspannten Anreise geht es raus aus der historischen Eisenbahn und rein ins historische Michelstadt. Wir überqueren die Mümling und stehen vor einem der angeblich romantischsten Orte der Region: Schloss Fürstenau.

Schloss Fürstenau

Alte Mauern, in denen viel Leben steckt.

Schon der Anblick von draußen bringt mich zum Staunen. Wahrscheinlich wurde hier eines der größten Eingangstore der Renaissance gebaut. Dieser sogenannte Schmuckbogen, der von zwei Türmen eingerahmt wird, ist ein wahrer Riese und flößt einem schon Respekt ein, bevor man den Schlosshof betritt. Graf Erbach, der hier mit seiner Familie

Außen imposant, innen gemütlich: Schloss Fürstenau

wohnt, hat sich mittlerweile daran gewöhnt, aber er weiß um die Wirkung seines Eingangs und bittet mich schmunzelnd herein. Die Gemächer sind wie erwartet riesig, aber die Grafenfamilie teilt sie regelmäßig mit Besuchenden. Im Schlosshof und im Veranstaltungssaal finden regelmäßig Theateraufführungen statt und in der schlosseigenen Kapelle gibt es alle 14 Tage einen öffentlichen Gottesdienst. Der Schlosshof ist jeden Tag zugänglich und wenn ihr euch da herumtreibt, schaut euch mal die Schlosswände an. Knapp zwei Meter dick sind sie, da wackelt nix. Das gibt ein sicheres Gefühl für alle, die drinnen wohnen, aber auch schlechten Empfang auf Handys oder Babyphones, verrät mir der Graf. Irgendwas ist ja immer.

Schloss Fürstenau · 64720 Michelstadt
https://www.michelstadt.de/tourismus-kultur/sehenswuerdigkeiten/sehenswuerdigkeiten-stadtteile/schloss-fuerstenau-steinbach/

Wir ziehen weiter in die Stadt mit ihren schnuckeligen Häusern und engen Gassen. Das ist zu jeder Jahreszeit gemütlich, aber besonders stimmungsvoll ist es zur Weihnachtsmarktzeit, wenn sich hier Stand an Stand reiht und wir uns durch Odenwälder Spezialitäten futtern können. Wir machen uns von hier aus auf zu einem der vielleicht bekanntesten Hotels in Südhessen.

Hier wurde aus einer Kinderliebe ein Lebenstraum.

»Die Träumerei«

400 Jahre hat »Die Träumerei« in den Balken und das kleine Häuschen im Herzen von Michelstadt hätte wahrscheinlich viele Geschichten zu erzählen, wenn es nur reden könnte. Die Schauspielerin Jessica Schwarz und ihre Schwester Sandra waren schon als Kinder fasziniert davon und kamen immer wieder her. Dann spähten sie durch die staubigen Scheiben in die verwaisten Räume und malten sich aus, welche Geheimnisse sich wohl hinter diesen Wänden verbergen könnten. Eine Träumerei eben, die viele Jahre später dem Hotel seinen Namen gab. Als sie erwachsen wurden und die Chance sich bot, haben Jessica und Sandra zugegriffen und das Haus gekauft. Viel Arbeit steckt hier drin, die Schwestern haben alles saniert und jeden Raum liebevoll eingerichtet. Die Zimmer sind niedrig, die Balken alt, die Farben gedeckt und Jessica verrät, dass die Beleuchtung absichtlich so angebracht ist, dass sie immer dem Teint schmeichelt. Ein bisschen Eitelkeit muss sein und wer sieht nicht gerne gut aus im Spiegel? Wer nicht direkt als Gast einzieht, kann es sich unten im Café gemütlich machen. Es

In der »Träumerei« wird alles mit Liebe gemacht

gibt hausgemachte Suppen, kleine Snacks, Kaffee vom ortsansässigen Röster und sehr leckeren Kuchen. Den lege ich euch ans Herz, denn der kommt entweder aus der Hotelküche oder von den Michelstädter Landfrauen und eins steht fest: Backen können sie alle!

Egal, ob ihr eine kleine oder eine große Pause macht, an der »Träumerei« solltet ihr nicht einfach vorbeigehen. Wer übernachten will, bucht am besten im Voraus, denn die zehn Zimmer sind sehr begehrt. Eine Ausweichmöglichkeit gibt es aber mittlerweile auch direkt nebenan, im »Träum weiter«, dem zweiten gemeinsamen Hotelprojekt der kreativen Schwarz-Schwestern.

Die Träumerei GmbH
Obere Pfarrgasse 3 · 64720 Michelstadt
Tel.: 06061-703333 · www.die-traeumerei.com

Wir ziehen weiter durch Michelstadt und treffen am alten Brunnen Stadtführerin Corinna. Sie kann natürlich viele Geschichten erzählen, zum Beispiel über das Wahrzeichen von Michelstadt.

Das schönste Haus am Platz.

Historisches Rathaus

Auf den ersten Blick erinnert mich das alte Rathaus an ein gut gepflegtes Hexenhäuschen. Auf dunklen Holzstelzen steht es da und wirkt mit den Butzenfenstern und seinen zwei Türmchen wie ein Bau aus dem Märchen. Eine tolle Kulisse, in der man sogar heiraten kann. Corinna hat es probiert und empfiehlt es allen Unverheirateten wärmstens weiter. Doch nicht nur ein Standesamt verbirgt sich in diesem Fachwerkschatz von 1484. Unter dem Vordach im Erdgeschoss fand früher der Michelstädter Markt statt und auch das Gericht tagte hier, gut geschützt bei Wind und Wetter. Genau genommen ist dieses alte Rathaus eine der ersten Mehrzweckhallen Deutschlands gewesen,

Wie ein hübsches Hexenhäuschen sieht das historische Rathaus aus

nur mit dem Unterschied, dass das hier mehr Charme hat als die meisten anderen, die wir kennen.

Historisches Rathaus · Marktplatz · 64720 Michelstadt
www.michelstadt.de/tourismus-kultur/sehenswuerdigkeiten/altstadt/historisches-rathaus/

Wir laufen weiter und Corinna macht uns auf die großen Holzfiguren aufmerksam, die überall in der Stadt verteilt stehen. Das, erklärt sie, seien die Meisterstücke von Schülerinnen und Schülern der ansässigen Holz- und Elfenbeinschule. Kunst scheint im Odenwald sowieso eine große Rolle zu spielen und eine besonders leckere Kunstform erwartet uns bei unserem nächsten Stopp.

Kommt auf keinen Fall satt hierher!

Bei Bernd kriegt ihr weltmeisterliche Pralinen und Kuchen

Café Siefert

Wer in Michelstadt unterwegs ist und wie ich eine Süßschnute hat, der kommt an Bernd Siefert nicht vorbei. Er ist Weltmeister der Konditoren und seine Meisterstücke, die vernascht die glückliche Kundschaft in seinem Café. Schon beim Hereinkommen wird klar, was hier Sache ist: In den großen Glasvitrinen türmen sich Leckereien: zartes Gebäck, edle Trüffel oder aufwendig verzierte Törtchen. Mir läuft augenblicklich das Wasser im Munde zusammen und weil ich mich in diesem Paradies niemals für nur eine Sache entscheiden könnte, überlasse ich Bernd die Führung. Kaum habe ich mich auf einer der roten Samtbänke niedergelassen, serviert er mir eine mit Schnaps gefüllte Praline, die ich mit einem langen Streichholz anzünden darf. Der Schnaps brennt, die Schokolade schmilzt langsam und bevor alles weg ist, lösche ich mit einem kleinen Schokodeckel das Feuer und stecke mir alles in den Mund. Der Rest ist Genuss. Probiert es am besten selbst aus.

Café Siefert
Braunstraße 17 · 64720 Michelstadt
Tel.: 06061-3068 · www.cafesiefert.de

Unser Fazit:

Wir haben Romantik gesucht und sie in Michelstadt gefunden. Ein Märchenschloss, ein kuscheliges Hotel, verwinkelte Gassen und ein Paradies für Naschkatzen warten hier auf euch. Das ist das ganze Jahr über schön, besonders romantisch wird es aber zur Weihnachtszeit, wenn die Dampflok euch hierherschuckelt und ihr zu all den wunderbaren Orten auch noch einen der schönsten Weihnachtsmärkte Deutschlands erlebt. Michelstadt macht euch die Sache mit der Romantik leicht.

Die Holz- und Elfenbeinfachschule hinterlässt überall Spuren

ELTVILLE – RHEINGAU DIE ERSTE

1.233 Kilometer lang erstreckt sich die meistbefahrene Wasserstraße der Welt: der Rhein. Durch sechs Länder fließt er und auf seinem langen Weg kommt er natürlich auch durch Hessen. Im Rheingau gibt es nicht nur an jeder Flussbiegung eine Burgruine, sondern hier werden auch Weine von Weltruf gemacht. Es ist die Heimat des Rieslings, und der ist so gut, dass auch das englische Königshaus seit Generationen zur Kundschaft gehört. Ein guter Grund, sich hier genauer umzuschauen. Wie viel Genuss, Glamour und Lebensfreude verbergen sich hier wirklich?

Finden wir es heraus.

Los geht´s am wohl berühmtesten Kloster der Filmgeschichte.

Kloster Eberbach

Majestätisch liegt es da, das Kloster, das es als Kulisse schon in viele Filme geschafft hat. In den 80er Jahren drehte Starregisseur Jean-Jacques Annaud hier »Der Name der Rose« mit Sean Connery in der Hauptrolle. Der Start einer Weltkarriere für das Kloster Eberbach, das heute Hotel, Tagungsort, Weingut und Touristenattraktion ist.

Ich bin verliebt in diesen Ort!

Hier könnte ich mich glatt verlaufen, wenn ich nicht Jasmin an meiner Seite hätte. Sie arbeitet in der Gastronomie, ist zuständig für den Export der Weine und liebt ihren Arbeitsplatz. Schon bei ihrem allerersten Besuch im Rheingau vor vielen Jahren verguckte sie sich in das Kloster, und offenbar war es Fügung, dass sie nach mehreren Jahren im Ausland ausgerechnet hier einen Job fand. Ihr Lieblingsplatz ist das große Gewölbe mit den historischen Weinpressen. Zehn Stück stehen hier, die älteste stammt aus dem Jahr 1668 und ist so solide gebaut, dass sie bis heute funktioniert. Technik, die begeistert. Doch nicht nur die Weinpressen haben ein paar Jahrhunderte auf dem Buckel, sondern auch viele der edlen Weine, die hier im Kloster gelagert werden. Versteckt hinter dicken Mauern, findet sich hier eine der größten Weinsammlungen Deutschlands. Der älteste Wein hier hat mehr als 300 Jahre auf dem Buckel; ein Hochheimer Riesling aus dem Jahr 1706. Natürlich wird der nicht einfach mal so aufgemacht. Aber man könnte ihn trinken, wenn man wollte. Angeblich schmeckt so ein alter Riesling nach eingeweichtem Schwarzbrot und egal, ob ihr das jetzt lecker findet oder nicht, eine gute Geschichte für den nächsten Weinabend ist das auf jeden Fall.

Wenn das Kloster reden könnte, es hätte sicherlich viel zu erzählen. Das gilt auch für die Basilika, die ihr euch nicht entgehen lassen solltet. 1150 wurde sie erbaut und sie ist mit ihren 25 Meter hohen Rundbögen nicht nur sehr eindrucksvoll, sondern birgt auch ein schauerliches Geheimnis. Baumeister Sebastian verrät mir, dass sich unter ihrem Dach eine Art Friedhof befindet. Regale voll mit menschlichen Gebeinen lagern hier, die bei Ausgrabungen auf dem Gelände gefunden wurden. Gekennzeichnet und archiviert finden sie dort oben ihre letzte Ruhe.

Kloster Eberbach
Kloster-Eberbach-Straße · 65346 Eltville im Rheingau
Tel.: 06723-9178100 · E-Mail: info@kloster-eberbach.de
www.kloster-eberbach.de

Nach so viel lebendiger Geschichte in alten Gemäuern zieht es uns jetzt nach draußen. Wir wollen den Rhein und die Weinberge aus einer anderen Perspektive sehen. Wir könnten das zu Fuß tun, es gibt aber auch eine andere Möglichkeit, die wesentlich aufregender ist.

Sattelt die Kamele!

Kisselmühle

Mit vielem hatte ich im Rheingau gerechnet, aber nicht mit einer Herde grasender Kamele. Die wuscheligen Lamas, Alpakas und Trampeltiere sind allerdings keine Fata Morgana, sondern der ganze Stolz von Frank und Alex. Rund 100 Tiere leben bei ihnen in der Kisselmühle und fühlen sich hier pudelwohl.

Das Leben hier ist pure Wellness für sie, erklärt Alex mir. Ursprünglich kommen die großen und kleinen Kamele aus weitaus unwirtlicheren Gegenden in Asien. In ihrer Heimat ist es abwechselnd entweder

Keine Fata Morgana: auf Kamelen erkunden wir die Gegend

saukalt oder sehr heiß. In Eltville dagegen herrscht das ganze Jahr über Wohlfühlklima, und das macht ein Kameldasein hier sehr gemütlich.

Ihren Lebensunterhalt verdienen sich die Tiere übrigens selbst. Ihr könnt sie für einen gemütlichen Spaziergang oder für einen Ausritt mieten. Für mich steht Attila gesattelt bereit, und nachdem ich meinen Platz zwischen seinen zwei Höckern erklommen habe, schaukeln wir gemütlich los. Frank und Alex begleiten mich, erzählen von der Gegend und zeigen mir Ingelheim, Oestrich und Hattenheim von oben. Was für eine Aussicht! Attila legt sich hin, damit ich absteigen kann, und dann gibt es ein kleines Picknick und eine Flasche Wein. Abenteuer und Genuss in der perfekten Kombination.

Kisselmühle · Alexandra und Frank Messing
Untere Kisselmühle 1 · 65346 Eltville
www.kisselmuehle.de · Tel.: 06723-87360
E-Mail: rheingau@kisselmuehle.de

Nach dem tollen Ausblick von oben wollen wir nun endlich auch rein in die Stadt. Eltville thront hoch über dem Rhein und bietet uns einen wahrhaft königlichen Ausblick aufs Wasser. Und obwohl es eher klein ist, trägt es zahlreiche Titel: Eltville ist Wein-, Sekt-, Gutenberg- und Rosenstadt. Ein ganz kleines bisschen weniger bekannt dagegen ist eine Eltviller Spezialität, die ihr unbedingt probieren müsst.

Von wegen alles Käse!

Weinhaus Krone

Wenn ihr in Hessen zu Hause seid, muss ich euch nicht erklären, was Spundekäs ist. Allen anderen sei gesagt: Es ist eine Spezialität, die ihr euch bei einem Besuch im Rheingau auf keinen Fall entgehen lassen dürft. Hier gibt es nämlich das Weinhaus »Krone« und da bekommt ihr den besten Spundekäs der Welt.

Gemütlicher Platz mit Rheinblick

Kathrin, Birgit und ihre Mama Agnes sind die drei herzlichen Gastgeberinnen in der »Krone« und die Hüterinnen des Spundekäs-Geheimnisses. Ein altes Familienrezept ist es, aus verschiedenen Frischkäsesorten, Gewürzen und … tja, das wird nicht verraten. Ich bekomme diese Leckerei draußen serviert, mit Rheinblick, einem Glas Wein und einem netten Plausch mit Kathrin. Sie erzählt mir, dass dieses Gasthaus auch ihr Elternhaus ist. Früher hat Mama Agnes die Geschäfte geführt, mittlerweile haben Kathrin und ihre Schwester Birgit das Meiste übernommen. Nur der sensationelle Spundekäs wird immer noch von der Senior Chefin gemacht. Nur sie und ihre Töchter wissen, was hineingehört. Das Ergebnis ist so unglaublich cremig, dass ich die Drei von der »Krone« zu meinen Spundekäs-Königinnen ernenne.

Weinhaus Krone
Platz von Montrichard 1 · 65343 Eltville
Tel.: 06123-61189 · www.weinhauskrone-eltville.de

Frisch gestärkt geht es weiter und uns fällt auf, dass hier im Rheingau nichts geht ohne ein gutes Tröpfchen. Eine Region für Leute, die gerne genießen. Wie sympathisch! Das hat Winzer Christian auf eine grandiose Idee gebracht.

Künftig legen wir unsere Ersparnisse in die Winebank.

Die Winebank

Ein eigener Weinberg und ein fahrender Weinstand sind Winzer Christian Ress nicht genug. Er will den Genuss unter die Leute bringen und dafür hat er auf seinem Weingut einen seiner alten Gewölbekeller zu einem echten Kleinod umgebaut. Hier betreibt er die sogenannte »Winebank«. Eine saugute Idee: Leute, die Spaß an Wein haben, bringen hier ihre Lieblingsflaschen unter. Bei Christian werden sie professionell gelagert, sind immer perfekt gekühlt und das Beste: Die Location gibt es gratis dazu. Wer sich in der Winebank einmietet, bekommt eine Mitgliedskarte plus Zugangscode und darf das Gewölbe nach Lust und Laune nutzen. Freunde und Familie sind natürlich auch willkommen. Die gut ausgestattete Bar hat Christian eingerichtet, die Weine holt sich jeder aus dem eigenen Vorrat. Schöne Abende sind

Christian will Spaß am Wein vermitteln

hier garantiert und eines steht fest: Christian ist definitiv mein Lieblingsbankier.

Weingut Balthasar Ress
Hauptstraße 7 · 65347 Eltville-Hattenheim
Tel.: 06723-91950 · www.winebank.de

Es ist schon toll, wie viele gute Ideen in Hessen zum Leben erweckt werden. Die Winebank, von denen es mittlerweile auch in anderen Teilen Deutschlands Ableger gibt, ist so eine. Einen ganz anderen Traum haben sich Peter Winter und seine Tochter Katharina erfüllt.

Eine andere Definition von Kunstgenuss.

Kunstkeller im Gewölbe Hattenheim

Weingüter gibt es viele im Rheingau, aber bei Peter und Katharina bekommt ihr nicht nur einen guten Schluck, sondern auch moderne Kunst. In ihrem 250

Unter der Erde wartet Unglaubliches auf euch

Jahre alten Gewölbe haben die beiden Kunstinstallationen aus aller Welt untergebracht. Hier wachsen leuchtende blaue Zapfen aus dem Boden, es gibt Klang-Installationen und Skulpturen. Alles zum Anfassen und natürlich mit dem passenden Wein dazu. Das ist etwas komplett anderes, als ihr das vielleicht aus Museen oder Galerien kennt. Während wir uns umschauen, erzählt Peter, wie er zu alldem hier gekommen ist. Gelernter Winzer ist er eigentlich nicht, aber er hat in vielen Jahren, die er im Weingewerbe gearbeitet hat, das Nötige gelernt. Als sich die Gelegenheit ergab, ein kleines Weingut zu kaufen, ergriff er die Chance und er hat zusammen mit seiner Tochter ein echtes Schmuckstück daraus gemacht.

Ein Keller, den ihr so sonst wahrscheinlich nirgends findet.

Peter Winter Weinkellerei GmbH
Eberbacher Straße 7–9 · 65347 Hattenheim im Rheingau
Tel.: 06723-91390
www.georg-mueller-stiftung.de/pages/kunstkeller

Unser Fazit:

Wir haben uns auf die Suche nach Genuss und Lebensfreude gemacht und beides im Überfluss gefunden. Kreative Menschen, exotische Tiere, Gemütlichkeit, ein Hauch von Hollywood und irgendwer serviert euch dazu immer ein schönes Glas Wein. Das war unser Start im Rheingau mit unserer Tour durch Eltville. Der Rheingau hat allerdings noch viel mehr zu bieten. Folgt uns einfach ins nächste Kapitel …

RHEINGAU DIE ZWEITE

In Eltville haben wir den Rheingau lieben gelernt, jetzt wollen wir diese Region noch besser kennenlernen. Mit gerade mal 3.000 Hektar ist der Rheingau eines der kleinsten Weinanbaugebiete Deutschlands. Die Gelegenheit, sich das alles einmal von oben aus anzugucken, lassen wir uns nicht entgehen.

Wir gehen in die Luft!

Flugschule Rhein-Main

Es ist ein seltsames Gerät, das da auf dem Flugplatz in Mainz-Finthen auf mich wartet: Der Gyrokopter ist eine Mischung aus Flugzeug und Helikopter und der ganze Stolz von Alexander. Er verspricht mir auch, dass es eines der sichersten Fluggeräte ist, in das ich einsteigen kann. Etwas mulmig ist mir trotzdem zumute, denn es gibt wenig mehr als zwei Sitzplätze. Doch dann startet der Motor, der Fahrtwind bringt die schmalen Rotoren in Schwung und wir erheben uns in die Luft. Unter uns breitet sich der Rheingau aus. Wir fliegen über Wanderwege, Weinberge, den breiten Rhein, wo immer Betrieb zu sein scheint, und ich merke, wie das Grinsen in meinem Gesicht immer breiter wird. Ein echtes Highlight! Falls ihr mal ein besonderes Geschenk braucht, so ein Flug ist garantiert unvergesslich.

Cabrio für die Lüfte: Der Gyrokopter

Flugschule Rhein-Main/Flugplatz Mainz-Finthen
Alexander Bohwinkel · Tel.: 0178-8787257
Am Finthener Wald · 55126 Mainz · www.bohfly.de

Wie schön der Rheingau ist, haben wir schon bei unserem Besuch in Eltville festgestellt. Bei diesem Rundflug haben wir uns direkt noch einmal verliebt. Er ist die Heimat des Rieslings, und dieser Geschichte gehen wir in Geisenheim auf den Grund.

Schloss Johannisberg Geisenheim

Der Zufall hatte bei der Entstehung des Rieslings seine Finger im Spiel.

Auf dem Weg zu einem der berühmtesten Weingüter Hessens muss ich mich kurz kneifen: Wir haben uns nicht verfahren, sind nicht in der Toskana gelandet, sondern immer noch in Hessen. Auf einem Hügel, unter dem Reben in Reih und Glied gepflanzt sind, steht Schloss Johannisberg. Hier hat alles angefangen. Die Geschichte des Rieslings hat genau hier ihren Ursprung, und wie das alles kam, erzählt Sarah mir.

Unsere erste Station ist die Statue des sogenannten Spätlesereiters, die mitten im Schlosshof steht. Achtung, jetzt gibt es Angeberwissen für euren nächsten Weinabend, denn genau diesem Spätlesereiter haben wir den Riesling zu verdanken.

Hier auf dem Schloss wird seit 1.200 Jahren Wein gemacht. Früher, sagt Sarah, lief das aber noch ein bisschen anders als heute. Im 18. Jahrhundert entschieden Kirchenoberhäupter darüber, wann die Trauben geerntet werden. Jedes Jahr, kurz vor der Ernte, brachte ein berittener Bote ein paar Probetrauben nach Fulda zum Fürstbischof. Der probierte sie, und erst wenn er seinen Segen gab, durften die Trauben gelesen werden. Normalerweise eine Sache von ein paar Tagen.

Die Wiege der Spätlese: Schloss Johannisberg

Im Jahr 1775 ging allerdings einiges schief, so jedenfalls erzählt es die Sage. Der berittene Trauben-Bote verspätete sich auf dem Rückweg um ganze zwei Wochen. Ob es Räuber waren oder eine schöne Frau, die ihn aufhielten, variiert je nachdem, wer die Geschichte erzählt. Als er dann irgendwann endlich kam, hingen die Trauben braun und überreif an den Reben, und obwohl die Bauern dachten, dass die Ernte hinüber ist, machten sie Wein daraus. Die Geburt der Spätlese. Was für eine schöne Geschichte. Natürlich könnt ihr hier nicht nur Geschichten über Wein hören, sondern ihn auch probieren. Im ältesten Teil des Schlosses verbirgt sich ein riesiger Weinkeller mit einer unfassbaren Sammlung edler Tröpfchen. Der älteste Wein stammt aus dem Jahr 1748. Schon wieder so ein flüssiger Schatz, der im Rheingau liegt. Aber schaut am besten selbst. Weinproben und Kellerführungen gibt es hier das ganze Jahr

Schloss Johannisberg
65366 Geisenheim-Johannisberg
Tel.: 06722-70090 · www.schloss-johannisberg.de

Ein bisschen genießen wir das Toskana-Flair mitten in Hessen noch, dann geht es weiter zu unserer nächsten Station. Zurück an den Rhein nach Rüdesheim. Das wohl bekannteste Städtchen im Rheingau. In der Drosselgasse tummeln sich die Touristinnen und Touristen, die Seilbahn durch die Weinberge hoch zum Niederwalddenkmal ist ebenfalls gut besucht. Wir wollen heute aber mal nicht mit der Masse schwimmen, sondern die Gegend auf andere Art erkunden.

»Walk like a Local« in Rüdesheim

Die Einheimischen kennen die schönsten Plätze und zeigen sie euch auch.

Am besten lernt man eine Gegend kennen, wenn man zu Fuß unterwegs ist. In Rüdesheim braucht ihr dafür aber nicht stundenlang irgendwelche Reiseführer zu wälzen, sondern ihr geht einfach zu Kai. Der hat vor ein paar Jahren angefangen, sogenannte »Walk like a Local«-Touren anzubieten, und die sind so gut, dass er dafür sogar mit dem »Typisch Hessisch Award« ausgezeichnet worden ist. Seine Idee ist eigentlich

Einheimische wie Kai kennen die tollsten Plätze und zeigen sie auch

ganz einfach: Eine Stadt lernst du am besten kennen, wenn du mit einem Einheimischen unterwegs bist. Kai ist Winzer, stammt aus einer Gastronomen-Familie und kennt sich nicht nur mit der Gegend hier aus, sondern auch mit Genuss. Beste Voraussetzungen. Ich habe meine Tour vorher gebucht und deswegen erwartet Kai mich mit einer gepackten Kühltasche. Da drin finden sich Weine aus der Region, edle Gläser, meine Wanderkarte und ein Stapel bunter Infokarten zu den Stationen, an denen wir vorbeikommen werden. Über gut befestigte Wege geht es hoch auf den »Zauberberg« und mit einem tollen Ausblick auf den Rhein öffne ich die erste Flasche. Die Geschichte zu meinem »Magic Mountain«-Wein bekomme ich als Begleitung dazu per Video serviert. Kai hat zahlreiche solcher Videos gedreht, in denen die Einheimischen ihre Sehenswürdigkeiten, die Gegend und die Weine selbst erklären. Das ist unterhaltsam, sehr persönlich und ich bekomme tatsächlich das Gefühl, hier ein bisschen heimisch zu werden. Kais Plan ist damit voll aufgegangen.

Walk like a Local · Kai Climenti
Oberstraße 30 – 32 · 65385 Rüdesheim am Rhein
Tel.: 06722-47552

Von Rüdesheim geht es den Rhein ein Stück runter nach Oestrich-Winkel. Knapp 12.000 Einwohnerinnen und Einwohner hat es und an manchen Stellen versprüht es richtiges Urlaubsflair.

In der Winkeler Bucht wartet auf euch die hessische Version von Sylt.

In der Winkeler Bucht wartet auf euch die hessische Version von Sylt.

»Allendorf am Rhein« Oestrich-Winkel

Wer richtig stilvoll in »Allendorf am Rhein« ankommen will, fährt mit dem Boot hin. Hier in der Winkeler Bucht hat Wirt Max tatsächlich einen eigenen Anlegesteg für sein Restaurant. Es

In der Winkeler Bucht liegt das »Sylt« des Rheingaus

geht aber natürlich auch zu Fuß und egal, wie ihr ankommt, ihr werdet herzlich begrüßt. Max ist hier der Chef und sein oberstes Ziel war es, hier einen Ort zu schaffen, an dem ihr Urlaub machen könnt. Auf der alten Kiesverladestelle stehen Liegestühle und Strandkörbe, ihr schaut aufs Wasser und das alte Förderband, auf dem früher der Kies transportiert wurde. Ein Idyll, das Max sich hier geschaffen hat, weil er als Winzer und Gastronom so gut wie nie in den Urlaub kommt. Also macht er ihn bei sich zu Hause und lädt uns ein, mitzumachen. Seine Spezialität ist Kipling mit Pommes, ein Essen, mit dem er Kindheitserinnerungen an Holland verbindet. Dazu serviert er Winkeler Riesling, denn ohne Wein geht natürlich auch hier nichts. Holland auf dem Teller, Hintern im Strandkorb, Blick auf den Rhein, besser geht es nicht.

Allendorf am Rhein
Alte Kiesverladestelle · 65375 Oestrich-Winkel
Tel.: 06723-6044120 · www.allendorf-amrhein.com

Gut ausgeruht geht es weiter zu einer echten Sehenswürdigkeit, etwas außerhalb von Oestrich-Winkel. Hier herrschte früher der Adel aus Lothringen und die Herrschaften haben uns einiges dagelassen, das uns zum Staunen bringt.

Hier werden Weinliebhabende und Fans von verrücktem Style glücklich.

Schloss Vollrads Oestrich-Winkel

Schon vor Jahrhunderten ging der Adel hier am Schloss Vollrads ein und aus. Die Freiherren von Greiffenclau waren hier zu Hause und machten – natürlich – Wein. Doch nicht nur der ist interessant, ich staune vor allem über die Inneneinrichtung des Schlosses. Die Wände sind nicht aus Stein oder mit dicken Teppichen geschmückt, sondern mit einer Ledertapete. Die war vor ein paar Jahrhunderten der letzte Schrei und so teuer, dass die Herren und Damen Greiffenclau höchstwahrscheinlich mächtig damit angegeben haben. Ich habe so etwas tatsächlich noch nirgends gesehen und erfahre, dass es diese Art von Ledertapete sonst nur noch im Schloss der spanischen Königsfamilie gibt.

Sieht aus wie die Toskana, ist aber Oestrich-Winkel

Eine weitere Besonderheit steht im Schlosshof. Eine historische Freiluftkegelbahn aus Holz. Die Kugeln hoppeln ganz schön und ich haue leider keinen einzigen Kegel um. Wette aber, ihr macht das besser, wenn ihr kommt. Heiraten könnt ihr hier übrigens auch; wahlweise in romantischer Atmosphäre oder unter der Angeber-Ledertapete. Eure Wahl.

Schloss Vollrads
Vollradser Allee · 65375 Oestrich-Winkel
Tel.: 06723-660 · www.schlossvollrads.com

Wer im Rheingau Urlaub macht, braucht natürlich auch einen Schlafplatz. Hotels und Pensionen gibt es viele hier. Aber wir haben einen Ort gefunden, den ihr garantiert nicht so schnell wieder vergesst.

Im Rheingau 524 bekommen Weinfässer ein zweites Leben.

Rheingau 524 Geisenheim

An Rhein-Kilometer 524 hat Julia sich einen Lebenstraum erfüllt. Passend zur Gegend hat sie hier am Wasser ein Weinfass-Hotel aufgemacht. 30 umgebaute Fässer sind über den Platz verteilt, es gibt kleinere und größere und alle sind sie von innen urgemütlich. Ich öffne die Tür und finde ein großes, gemütliches Bett unter einem kleinen Fensterchen. Alles ist mit Holz ausgebaut und zusammen mit der bunten Karo-Bettwäsche ergibt das Hüttenflair mitten in Hessen.

Chefin Julia ist leidenschaftliche Camperin und hat vor ein paar Jahren im Urlaub selbst in so einem Fass übernachtet und ihr Herz daran verloren. Sie gab ihren Internetshop für Kinderkleidung auf, ließ sich am Rhein mit ihren Fässern nieder und begrüßt hier vom verliebten Paar bis zu Radelnden auf der Durchreise alle, die es gerne ungewöhnlich mögen.

Wohnen im Weinfass: gemütlicher geht's nicht

Rheingau524 · Julia Lange
Campingplatz 1 · 65366 Geisenheim
Tel.: 0176-30733440 · www.rheingau524.de

Jetzt waren wir schon so viel am Wasser unterwegs, haben die Ausblicke von allen Seiten auf den Rhein genossen. Nun wird es höchste Zeit, auch mal aufs Wasser zu gehen.

Zieht euch schon mal die Badesachen an.

SUP Geisenheim

Kein Urlaub ohne Action und die gemütlichste Variante von Action finden wir bei Dietmar. Er bietet Stand-up-Paddeling auf dem Rhein an, also Paddeln auf einer Art breitem Surfbrett ohne Segel. Dietmar war einer der Ersten, die diesen Sport im Rheingau etabliert haben. Mittlerweile ist Stand-up-Paddeling zu Recht ein Trend. Neben den einfachen Brettern, auf denen ihr alleine unterwegs seid, gibt es mittlerweile auch das BIG- SUP. Wie ein riesiges weißes Floß liegt es auf dem Wasser und bietet Platz für insgesamt acht Leute. Ausgerüstet mit Schwimmweste und Badehose geht es los. Wir paddeln erst auf den Knien, und als wir uns eingegroovt haben, geht es im Stehen weiter. Im Gegensatz zu der Solo-Tour braucht es hier Absprachen darüber, wer wo paddelt und wer das Kommando hat. Eine Riesengaudi!

Sport mit Spaßgarantie: Paddeln auf dem Riesen-SUP

Das vielleicht Beste daran ist, dass dieses Brett schnell ins Wanken gerät, und wenn einer ins Wasser springt ... fliegen alle hinterher.

SUP Rheingau · Dietmar Tietze
Rheinuferweg 1 · 65366 Geisenheim
Tel.: 0160-97223895 · www.sup-rheingau.de

Extratipps: gut essen im Rheingau

Wer gerne gut isst, für den haben wir weitere leckere Tipps. Im Tennisclub Eltville habt ihr die Chance auf einen leckeren Kurztrip nach Südamerika.

Hier liegt ein Hauch von Südamerika in der Luft.

Chamamé Eltville

Schon von weitem riecht es nach offenem Feuer. Im Chamamé steht Fernando am Schwenkgrill, und allein beim Anblick dessen, was er hier zaubert, läuft mir das Wasser im Mund zusammen. Fernando kommt aus Argentinien und ist der

Liebe wegen hier gestrandet. Auf einem Weinfest hat er vor vielen Jahren Rosi kennengelernt. Die beiden haben sich erst ineinander verliebt und dann gemeinsame Pläne gemacht. Als gelernter Koch hat Fernando immer schon von einem eigenen Restaurant geträumt. Mit Rosi zusammen hat er sich diesen Traum mitten in den Weinbergen erfüllt. Statt seiner Familie bekocht er nun seine Gäste mit den traditionellen Rezepten. Und wie!

Viel Natur, offenes Feuer und bestes Fleisch gibt's im Chamamé

Chamamé · Fernando Elvira
Wiesweg 90
65343 Eltville am Rhein
Tel.: 06123-61250
www.chamame.de

Von Südamerika reisen wir direkt weiter nach Spanien. Oder anders gesagt, von Eltville nach Lorch. Hier gibt es die beste Paella des Rheingaus, wetten?

Lasst euch von Selfmade-Winzer Robert verwöhnen.

Weingut und Restaurant Robert Wurm in Lorch

»Wir machen die Küche, die wir selbst gerne essen«, das ist die Philosophie von Robert. Ich treffe ihn auf der Terrasse seines Restaurants, wo er an einer riesigen Paella-Pfanne steht, die über dem offenen Feuer hängt.

Nach dem Rezept seiner spanischen Schwiegermutter bereitet er dieses typische Familienessen zu und serviert dazu den eigenen Wein, den

Spanische Paella plus hessischer Wein – eine fantastische Mischung

er so macht, wie er ihn gerne trinkt. Robert ist in jeder Hinsicht ungewöhnlich. Früher arbeitete er in der Industrie, zog alle paar Jahre in eine neue Stadt und flog regelmäßig durch die Welt. Irgendwann hatte er keine Lust mehr auf diese Art von Stress, kaufte sich ein Weingut und eröffnete sein Restaurant. Die Arbeit ist dadurch nicht weniger geworden, aber er liebt, was er tut, und das macht den entscheidenden Unterschied.

Weingut Wurm · Robert Wurm
Binger Weg 1 · 65391 Lorch im Rheingau
Tel.: 06726-830083 · www.weingut-wurm.de

Unser Fazit:

Bei einer Weingegend wie dem Rheingau könnte man klischeehaft glauben, dass hinter jeder Tür, die man öffnet, schon eine Flasche Riesling wartet. Spoiler: Das stimmt (übrigens unabhängig von der Tageszeit)!

SELIGENSTADT

Im Landkreis Offenbach, direkt am Main, liegt Seligenstadt. Rund 23.000 Menschen wohnen hier, zwischen Fluss und Fachwerk, nah an den Großstädten Offenbach und Frankfurt und weit genug weg, um mitten im Grünen zu sein. Seligenstadt ist anders als die meisten anderen Städte, haben wir gehört. Das fängt schon an bei den Babys, die hier nicht sprichwörtlich der Storch bringt, sondern das »Rote Brünnchen«. Das gibt es wirklich und ihr erkennt es an den zwei feisten, steinernen Babys, durch die das Wasser ins Brunnenbecken läuft. Geschichten wie diese soll es hier an jeder Ecke geben. Ob das stimmt? Immerhin ist schon die Ankunft in Seligenstadt vielversprechend…

In die Stadt geht es übers Wasser.

Fähre

Wer sich Seligenstadt nicht auf Straße oder Schiene nähern will, nimmt einfach die Fähre. Von Bayern aus überquert ihr auf dem Main die Landesgrenze und legt auf hessischer Seite wieder an. Schon seit dem 9. Jahrhundert gibt es diese ständige Verbindung über den Main. Im Mittelalter brauchte man noch die Erlaubnis des Klosters, um auf die Fähre zu dürfen, und natürlich kostete der Transport von Menschen, Tieren und Wagen Geld. Im Gegenzug brachten die Mönche ihren Wein von Seligenstadt über

Der schönste Weg nach Seligenstadt geht übers Wasser

den Main in andere Regionen. Sie zahlten dafür allerdings nichts. Heute braucht ihr keine gesonderte Erlaubnis für die Überfahrt, sondern löst einfach ein Ticket bei Werner. Der bringt euch mit seinem 28 Meter langen Fährschiff »Stadt Seligenstadt« sicher von einem Ufer zum anderen.

Fähre · Stadtwerke Seligenstadt
Am Eichwald 1 · 63500 Seligenstadt
Tel.: 06182-877100
www.seligenstadt.de/buergerservice/mobilitaet/faehre/

Auf Seligenstädter Boden angekommen, machen wir uns direkt auf den Weg zu einem der Wahrzeichen der Stadt: dem Kloster. Erhaben liegt es da und zieht mit seinem gepflegten, parkähnlichen Garten schon von Weitem alle Blicke auf sich.

Hier bekommt Gärtnern eine neue Dimension.

Kloster

Könnt ihr euch vorstellen, einen 8.000 Quadratmeter großen Garten in Schuss zu halten? Ich auch nicht, aber es ist gut zu wissen, dass es Leute wie Uwe gibt, die daran einen riesen Spaß haben. Der Garten- und Landschaftsbaumeister ist der Mann, der das riesige Gelände rund um das Kloster zu neuem Leben erweckt hat. Als er kam, gab es hier nicht besonders viel zu sehen, doch Uwe hatte eine Vision: Er ließ Wege und Beete anlegen, pflanzte Blumen und Bäume und verwandelte den Garten in ein Schmuckstück, das es mit jedem französischen Schlosspark aufnehmen kann. Ich jedenfalls fühle mich, als wäre ich in einem Historienfilm gelandet. Von der romantischen Kulisse draußen gehen wir rein ins Kloster. Hier in Küche und Speisesaal wohnt noch das Mittelalter. Über einer großen Feuerstelle hängt ein gusseiserner Topf, daneben gibt es gemauerte Minikamine,

Hier drin versteckt sich die edelste Toilette Hessens

auf denen die fertigen Speisen warmgehalten wurden. Historische Mikrowellen sozusagen. Vom Kochen, erzählt Uwe mir, kommt auch der Satz: »Leg mal einen Zahn zu!« Das sagte der Koch zu seinen Gehilfen, wenn die ihm den schweren Topf ein bisschen näher ans Feuer hängen sollten. Der Topf war an einer Zahnkette aufgehängt und mit Muskelkraft an die richtige Position gerückt. Ich liebe solche Geschichten! Eine habe ich noch und die handelt davon, dass auch der Kaiser öfter mal zu Besuch ins Kloster kam. Aus diesem Grund gibt es hier auch viel mehr Prunk, als ich erwartet hatte. Ein Schlafzimmer mit einem prächtigen Himmelbett zum Beispiel. Mein absolutes Lieblingsstück ist allerdings das kaiserliche Bad: ein Separee mit eigener Toilette, inklusive Samt bezogener Klobrille … für besonders bequeme Sitzungen.

Kloster Seligenstadt
Klosterhof 2 · 63500 Seligenstadt
Tel.: 06182-898360 · www.klostercafe-seligenstadt.de

Ein bisschen Wissensdurst haben wir gestillt, nun wird es Zeit, unseren Bierdurst zu löschen. Seligenstadt ist bekannt für sein Bier und natürlich hat auch das Brauen hier eine lange Geschichte. Im 18. und 19. Jahrhundert gab es noch gut ein Dutzend Braustätten und die älteste Brauerei Südhessens gibt es immer noch.

Seit fast 300 Jahren wird hier Bier gebraut.

Glaabsbräu

Es bleibt in der Familie. Dieser Satz trifft seit 1744 auf Glaabsbräu zu. Die älteste Brauerei Südhessens ist nämlich schon immer ein Familienbetrieb, und zwar einer, der es erfolgreich durch die Jahrhunderte geschafft hat. Die alten Braukessel stehen zwar nicht mehr hier, sind aber immer noch in Betrieb: In der Distellerie de Fontagard in Frankreich wird in ihnen nun Whisky hergestellt. Hier in Seligenstadt hat die Familie Glaab investiert und ihre Brauerei zu einer der modernsten in Hessen umgewandelt. »Wir lieben Bier« steht in

Für gutes Bier braucht es Fingerspitzengefühl

großen Lettern an der Wand in der Brauhalle, und das glaube ich gerne, so begeistert, wie Braumeister Julian mir von seinem Arbeitsplatz erzählt. Er ist der Herr über die riesigen Stahlkessel und alle Biergeheimnisse und er hat die neue Braustätte mit eingerichtet. Vieles läuft natürlich mittlerweile mit Computerunterstützung, aber der würzige Hopfen muss immer noch von Hand hinzugefügt werden. Hier ist Fingerspitzengefühl gefragt. Julian hat im Laufe der Jahre zahlreiche unterschiedliche Biersorten kreiert und auch, wenn ich es erst mal mit Vorsicht genieße: Das Grüne-Soße-Bier haut mich echt vom Hocker. Probiert euch durch, es ist erstaunlich, was hier alles aus Bier gemacht wird. Die Geschichten dazu, die erzählt Julian euch am besten selbst. In diesem Sinne: »Gut Sud.«

Glaabsbräu GmbH & Co. KG
Wallstraße 1 · 63500 Seligenstadt
Tel.: 06182-9260 · www.glaabsbraeu.de

Mit dem Geschmack von Grüne-Soße-Bier im Mund und offenen Augen geht es weiter durch die sehenswerte Altstadt. Seligenstadt ist ein Fachwerkparadies, und da viele der Häuser in Privatbesitz sind, werden sie entsprechend gehegt und gepflegt. Hier kriegt ihr wirklich etwas zu sehen beim Spaziergang.

Unter manchem Buckel steckt eine spannende Geschichte.

Felsenkeller

Ich habe den Eindruck, die Seligenstädter beschäftigen sich gerne mit ihrer Historie. Vielleicht liegt das daran, dass viele Ecken hier in der Stadt eine wilde Vergangenheit haben. Das Grundstück von Thomas und seiner Familie ist ein gutes Beispiel. Wo sie heute wohnen, stand Mitte des 19. Jahrhunderts mal das Traditionsgasthaus »Krone« und in dessen Garten liegt bis heute ein großer Felsenkeller. Wie ein Hügelgrab sieht er von außen aus, aber durch eine Tür geht es viele Stufen runter in ein riesiges

Thomas Felsenkeller ist Geschichte zum Reinklettern

Gewölbe. Hier lagerte der Kronenwirt seine Biervorräte, ideal gekühlt bei ganzjährig acht bis zwölf Grad. Der Keller kann aber noch mehr: Im Zweiten Weltkrieg fanden die Seligenstädter hier Schutz vor den Bomben und ab den 60er Jahren wurde er zur Partylocation. Die alten Steine hier haben vieles erlebt. Manches wissen wir, für manches brauchen wir viel Fantasie, aber wenn einer die Geschichte hier lebendig machen kann, dann ist es Thomas. Für euch öffnet er seinen Felsenkeller zu besonderen Gelegenheiten, wie zum Beispiel dem »Tag des offenen Denkmals«.

Thomas Laube
Steinheimer Straße 95
63500 Seligenstadt

Ein anderes steinernes Denkmal ist natürlich die Einhardbasilika. Auf sie sind die Seligenstädter zu Recht stolz. Im 9. Jahrhundert wurde sie von Einhard gebaut und seine Gebeine liegen bis heute gut verwahrt in einem prächtigen Sarkophag in der Kapelle, bewacht von zahlreichen

Im Flippermuseum werden wir wieder zu 12-Jährigen.

Engeln. Ein eher stiller und besinnlicher Ort. Das genaue Gegenteil von unserem nächsten Ziel.

Flipper- und Arcademuseum

Nichts weniger als ein kurzer Ausflug in die Kindheit wurde mir versprochen, und tatsächlich fühle ich mich wie ein Zeitreisender, als ich die Tür zum Flipper- und Arcademuseum öffne. In einer großen Halle stehen aufgereiht, leuchtend und klingelnd mehr als 100 Spielautomaten und Flipper. Das hier ist aber keine Spielhölle, wo verzweifelte Menschen ihren kompletten Verdienst in den Geldschlitzen der einarmigen Banditen versenken. Nein, das hier ist einfach ein Spieleparadies für Groß und Klein. Ich werde von Hagen begrüßt, der hier der Hausherr ist und mir seine Geschichte erzählt. Vor vielen Jahren schon hat er angefangen, Automaten und Flipper zu sammeln, und wusste schlicht nicht mehr, wo er all seine Schätze aufbewahren sollte. Ein paar Gleichgesinnte hatten dasselbe Problem und

Hier wird gezockt, was das Zeug hält

so mieteten sie kurzerhand eine große Halle, um alles unterzubringen. Den Spaß, den sie haben, wollen sie weitergeben. Deswegen öffnet ihr privates Museum einmal im Monat für alle. Wer einmal Eintritt bezahlt hat, darf sich hier so lange austoben, wie er will. Ich sage euch, es ist wirklich toll, einfach mal ohne Taschengeldnot »Donkey Kong« zu zocken oder die Flipper heiß zu spielen. Ein toller Ausflug in eine Zeit, lange bevor es Videospiele gab.

Flashback in die Kindheit am Flipper

Flipper- und Arcademuseum Seligenstadt
Wilhelm-Leuschner-Str. 6
63500 Seligenstadt · www.flipperundarcade.de

Unser Fazit:

Es stimmt also doch: Seligenstadt ist anders. Hier warten an jeder Ecke Geschichten auf euch, die erzählt und gehört werden wollen. Von alten Gemäuern und engagierten Leuten, die sie hegen und pflegen und gleichzeitig im Hier und Jetzt unterwegs sind. Um etwas zu erleben, braucht ihr nicht weit wegzufahren, das gibt es alles hier. Sogar die höchste Dichte an Eisdielen in ganz Hessen. Lasst es euch schmecken!

FRANKFURT & DIE NEUE ALTSTADT

Frankfurt allein würde wahrscheinlich ein komplettes Buch füllen, so viel gibt es hier zu sehen und zu tun. Die Stadt mit ihren rund 760.000 Einwohnerinnen und Einwohnern ist nicht nur die bevölkerungsreichste Stadt Hessens, sie ist auch Geburtsort von Goethe, Heimat der Eintracht und natürlich der Sitz der Europäischen Zentralbank. Überhaupt spielt Geld in der Bankenstadt natürlich eine große Rolle. Frankfurt betreibt die drittgrößte Börse Europas, die Silhouette der Wolkenkratzer hat ihr den mittlerweile liebevoll gemeinten Spitznamen Mainhattan eingetragen und die Goethestraße mit ihren Juwelieren und Edelboutiquen lädt zum Luxusshopping ein. Aber kann Frankfurt mehr als Geld und Fußball? Kritiker sagen, der Stadt fehle es an Flair, die Frankfurter selbst lieben ihre Stadt dafür, dass sie so viele unterschiedliche Facetten hat. Danach wollen wir suchen und starten dafür an einem Ort, der zu den urigsten und gemütlichsten der Stadt gehört.

Hier scheint die Großstadt weit entfernt.

Alt-Sachsenhausen

Die meisten verbinden Frankfurt mit Banken und Hochhäusern. Doch fußläufig von der Innenstadt, nur einmal über den Main, bekommt die Metropole plötzlich ein ganz anderes Gesicht. Aus den großen Boulevards werden schmale Gassen, die modernen Hochhäuser weichen windschiefem Fachwerk und Ruhe kehrt ein. Zumindest tagsüber. Abends wird Alt-Sachsenhausen zum Party-Hotspot für alle, die Äppelwoi und hessische Gemütlichkeit lieben. Bevor es so weit ist, zeigt mir Verena ihr Lieblingsviertel von seiner besten Seite. Sie macht Stadtführungen durch Alt-Sachsenhausen und erzählt mit leuchtenden Augen, wie sie als junges Mädchen aus dem Westerwald nach Frankfurt kam und

Ein Äppler gehört in Alt-Sachsenhausen dazu

sich sofort in die Stadt verliebte. Von dieser Liebe lebt sie heute und startet unsere Stadtführung mit einem gefüllten Bembel und zwei Gläsern. Das geht also schon mal gut los, und damit ich gerüstet bin für die Geschichten, die jetzt kommen, gibt es eine kleine sprachliche Einführung.

Frischgepressten Apfelsaft nennen die Frankfurter »Süßer«, ist der Saft leicht vergoren, heißt er »Rauscher«, und wenn er zu vollmundigem Apfelwein geworden ist, dann wird er zum »Alten«, und den gibt es hier in jeder Wirtschaft.

Während Verena erzählt, laufen wir durch die Klappergasse bis zur berühmtesten Statue des Viertels: »Frau Rauscher«. Die, so sagt die Legende, trank gerne mal einen über den Durst und wurde eines Tages blutend und betrunken hier in der Gasse gefunden. Aber wer hatte die Frau so zugerichtet? Ihr Mann oder der Äppler? Der »Rauscher« oder der »Alte«? Dieses doppeldeutige Rätsel wurde nie gelöst. Grüßt sie von mir, wenn ihr durch die Klappergasse schlendert, und passt auf, denn Frau Rauscher spuckt in regelmäßigen Abständen Wasser auf die Straße. Den Äppler, den Frau Rauscher so zu schätzen wusste, den probiert ihr am besten selbst. Abends wandelt sich das Gesicht von Alt-Sachsenhausen und es wird sehr lebendig. Das hat mit den amerikanischen Soldaten zu tun, die nach dem Krieg in Frankfurt ihr Hauptquartier bezogen. Sie liebten das historische Flair der Gegend und fanden es so cool, dass sie regelmäßig zum Feiern herkamen und so den Ruf von Alt-Sachsenhausen als Amüsiermeile der Stadt prägten.

Stadtführung durch Alt-Sachsenhausen
Verena Röse · Gästeführerin der Stadt Frankfurt am Main
Tel.: 0177-2803604 · www.stadtfuehrungenfrankfurt.de

Frankfurt liegt dem Namen nach am Main und natürlich spielt der Fluss hier eine große Rolle, denn auch er prägt das Bild der Stadt. Von der Haupteinkaufsmeile, der Zeil, lauft ihr nur ein paar Minuten zum Ufer und findet dort schon wieder ein anderes Gesicht von Frankfurt. Auf dem Wasser sind Ausflugsboote und Ruderer unterwegs, auf der Uferpromenade wird spaziert und gejoggt und die breiten Wiesenstreifen daneben werden vor allem im Sommer zu Sonnenliegen und Picknickplätzen. Ein idealer Ort, um sich vom Trubel der Großstadt zu erholen. Das geht nicht nur an Land, sondern auch auf dem Wasser, und dafür macht ihr euch auf den Weg zum Sachsenhäuser Ufer.

Hier wartet ein mega Ausblick.

Waterbike

Schon von weitem sehe ich die roten Waterbikes im Wasser dümpeln. Sie sind der ganze Stolz von Burkhard, der auf dem Main mehr oder weniger lange Touren anbietet, und zwar das ganze Jahr über. Die Waterbikes sehen aus wie Katamarane, nur dass sie statt eines Segels Pedale, Sattel und Lenker haben. Das mutet futuristisch an, aber Burkhard sagt, sie seien kinderleicht zu bewegen, und er verspricht, dass man eigentlich nicht ins

Die Skyline ist auch vom Wasser aus sehenswert

Wasser fallen kann. So zumindest die Theorie, und für euch gehe ich natürlich direkt zur Praxis über. Ich steige auf, trete in die Pedale und das Waterbike setzt sich tatsächlich gemütlich in Bewegung.

Wir radeln mit Blick auf die Skyline übers Wasser und haben dabei noch genügend Puste, um uns entspannt zu unterhalten. Das Wettrennen mit dem Ausflugsdampfer verliere ich, aber es macht riesigen Spaß. Im Sommer ist es natürlich besonders schön, aber es geht auch im Winter, jedenfalls solange der Main nicht zufriert.

Waterbike · Burkhard Gnaß
Frankenallee 63 · 60327 Frankfurt am Main
www.waterbike-germany.de

Frankfurt vom Wasser aus zu betrachten ist schon etwas Besonderes. Wer lieber zu Fuß und auf festem Boden unterwegs ist, dreht eine Runde durch den Frankfurter Zoo. Der liegt, umrahmt von einer schützenden Mauer, mitten in der Stadt und beherbergt Löwen, Tiger, Pinguine und als besondere Attraktion das Nachtaktiven-Haus, wo es tagsüber dunkel und nachts immer hell ist. Hier seht ihr all die Tiere in Aktion, die zu den üblichen Besuchszeiten normalerweise schlafen. Eine wunderbare Auszeit vom Alltag, bei der ihr auf den Spuren des ehemaligen Zoodirektors Bernhard Grzimek unterwegs seid.

Das Paradies für Autoliebhabende.

Wir widmen uns jetzt einer anderen Attraktion, und die hat statt Federn, Klauen oder Fell vier Räder und einen Motor.

Klassikstadt Frankfurt

Ich bin noch gar nicht richtig auf dem Gelände der Klassikstadt angekommen, da bleibt mir vor lauter Staunen schon der Mund offen. Hier ist wirklich viel Platz. Früher war auf den 20.000 Quadratmetern eine Landmaschinenfabrik untergebracht, heute beherbergen die großen roten Backsteinbauten Autos, die Geschichte geschrieben haben. Darüber will ich mehr erfahren und hefte mich an Bernd. Er weiß zu jedem Oldie hier eine Geschichte zu erzählen, denn er ist nicht nur ein leidenschaftlicher Autofan, sondern sammelt auch historische Werbeprospekte, die er hütet wie einen Schatz. Klar, dass so ein Mann sich auskennt. Das Erste, was er mir zeigt, ist ein blau-schwarz glänzender Rolls-Royce, Baujahr 1927. Ein kleines bisschen sieht er aus wie eine Kutsche mit Motor und Bernd erklärt, dass bei den ganz alten Wagen tatsächlich noch Kutschenteile auf die Karosserien von Rolls-Royce gesetzt wurden. Doch der glänzende Traum der 30er Jahre ist nicht das einzige Schmuckstück hier. Auch einen hölzernen Ford, der vor allem für Farmer gebaut wurde, einen Filmwagen in Form eines fliegenden Teppichs, einen chromglänzenden Porsche und viele, viele Klassiker mehr gibt es hier zu sehen.

Die alte Landmaschinenfabrik beherbergt heute die schönsten Oldtimer

Wer einmal selbst hinter dem Steuer eines solchen Schätzchens sitzen will, kann das übrigens auch. In der Klassikstadt gibt es sogenannte »Auto-Abos«, bei denen ihr eine monatliche Miete zahlt und dafür jederzeit einen Oldtimer eurer Wahl zum Fahren bekommt. Wem das zu viel ist, der darf sich in dieser Autowunderwelt aber auch einfach nur umschauen und von wilden Ausfahrten träumen.

Klassikstadt Frankfurt
Orber Straße 4a · 60386 Frankfurt am Main
Tel.: 069-4089698 · www.klassikstadt.de

Von den Autos mit Historie geht es für uns weiter in die Frankfurter Altstadt. Die ist etwas ganz Besonderes, denn genau genommen ist es die jüngste Altstadt der Welt. Zwischen 2012 und 2018 wurde sie gebaut, auf einem Areal, das in etwa so groß ist wie ein Fußballfeld. Was im Krieg in Schutt und Asche gelegt wurde, haben rund 300 Planerinnen und Planer liebevoll nach altem Vorbild wieder aufgebaut, und so finden wir hier keine modernen Kästen, sondern aufwendig gestaltetes Fachwerk, stuckverzierte Fassaden, Bogengänge und ganz viel Farbe. Matthias hat daran mitgewirkt und erzählt, dass in vielen der neuen Häuser auch alte Bauteile stecken. In dem Wohnhaus von Tante Melber zum Beispiel, der Tante von Goethe, die ihren Neffen als Jungen hier oft beherbergt hat. Während wir über den Boden laufen, den Frankfurts berühmtester Dichter schon berührt hat, erfahre ich, dass das teuerste Haus ganze sieben Millionen Euro gekostet hat. Genau das ist unser erstes Ziel.

Diesen Prachtbau wollen wir uns nicht entgehen lassen.

Goldene Waage

Schon von außen ist die »Goldene Waage« ein echter Blickfang. Auf rötlich-braunen Arkaden steht das große Fachwerkhaus mit goldenen Fenstergittern und einer bunt verzierten Fassade. Früher gehörte es einem niederländischen Gewürzhändler, heute finden wir hier ein Caféhaus mit hohen Stuckdecken,

Das teuerste Haus der neuen Altstadt – die Goldene Waage

schwarz-weißem Schachbrett-Boden und einer riesigen Vitrine, aus der mich rund 60 verschiedene Torten anlachen. Hier bin ich richtig! Birgit, die Hausherrin, serviert mir ihren persönlichen Geheimtipp: ein Stück Frankfurter Kranz und einen Kaffee, der mit Frankfurter-Kranz-Likör veredelt ist. Eine echte Leckerei, und während ich gemütlich futtere, schaue ich von der Empore im ersten Stock auf das wuselige Treiben unten im Saal und in der Neuen Altstadt vor der Tür. Ein besseres Plätzchen kann ich mir gar nicht wünschen.

Goldene Waage
Markt 5 · 60311 Frankfurt am Main
Tel.: 069-92020323 · www.goldenewaage.com

So eine Neue Altstadt will natürlich belebt werden. Umso schöner, dass sich hier in den schmucken Häusern zahlreiche Händler niedergelassen haben. So wird dieses kostenlose Geschichtsmuseum zu einem Ort, an dem immer etwas los ist und wo wir sogar beim kurzen Stopp für eine frische Bratwurst noch etwas über das mittelalterliche Leben in

Frankfurt erfahren. Alle, die hier ein Geschäft haben, wissen eine Geschichte zu erzählen. Versucht es am besten selbst einmal. Gute Anlaufpunkte gibt es reichlich.

Barbier-Stube Alt

Gute Anlaufpunkte gibt es reichlich.

Schwere rote Frisiersessel, dunkle Holzvitrinen, in denen sich Tiegel und Pinsel tummeln, und an den dunkelgrünen Wänden viele gerahmte Familienbilder: Das Barbier-Geschäft von Dennis sieht genauso aus, wie ich mir so einen Laden in den 20er und 30er Jahren vorgestellt hätte. Tatsächlich, erzählt er mir, hat er im Stadtarchiv recherchiert und nach alten Bildern gesucht, um die passende Einrichtung zu finden. Den imposanten Keiler-Kopf und die schicken Wandlampen hat er im Frankfurter Traditionsbordell »Sudfass« erstanden, und damit gelingt ihm ein Style, der mir richtig gut gefällt. In seinem ersten Leben war Den-

In Dennis lässiger Barbier-Stube bleibt der Alltag draußen

nis Maskenbildner und hat viele Promiköpfe unter seinen Händen gehabt. Jetzt steht er seiner Frankfurter Kundschaft zur Verfügung, und weil er schon als 14-Jähriger das Rasier-Handwerk vom Papa gelernt hat, macht er eben auch das. Nebenbei plaudert Dennis gerne mit seinen Leuten, gibt Tipps, wenn sie gefragt sind, und freut sich darüber, dass die Kundschaft bei ihm bunt gemischt ist. Ich genieße Rasur und Pläuschchen und verlasse diesen besonderen Laden mit babyweichen Wangen.

Barbier-Stube Alt
Braubachstraße 25b · 60311 Frankfurt am Main
Tel.: 069-92887689 · www.barbierstubealt.de

Hinter jeder Mauer lauert hier eine Geschichte. Manchmal sogar eine aus dem Mittelalter. Damals ließ sich hier in Frankfurt auch der hohe Adel nieder und selbst in dieses Leben bekommen wir einen interessanten Einblick.

Wir wandeln auf den Spuren der Könige.

Kaiserpfalz

Die Kaiserpfalz inmitten der Neuen Altstadt ist wie ein Schaufenster in die Anfänge Frankfurts, und was es da alles zu sehen gibt, zeigt Karsten mir bei einem kleinen Rundgang. Im 15. Jahrhundert, erklärt er mir, hatte der König noch keinen dauerhaften Wohnsitz, sondern zog alle paar Jahre von Ort zu Ort. Da es das Konzept »Glamping« damals noch nicht gab, ließ er sich überall schicke Residenzen bauen, mit edlen Möbeln und sehr viel Prunk. Übrig geblieben sind davon nur noch einige Mauern und ein in Teilen erhaltener, unterirdischer Gang, zu dem Karsten mich bringt. Hier, versichert er mir, kämen wir auf direktem Weg zum Frankfurter Dom. Eine mittelalterliche Abkürzung für die hohen Herrschaften, um bei jedem Wetter trockenen Fußes zum Gottesdienst zu kommen.

Schaufenster in die Anfänge Frankfurts

Kaiserpfalz · Bendergasse 3 · 60311 Frankfurt am Main
https://www.archaeologisches-museum-frankfurt.de/de/ausstellungen/kaiserpfalz-franconofurd

Ein kleines bisschen Geschichte geht noch, oder? Ganz in der Nähe liegt das älteste Museum Frankfurts, und das bietet eine tolle Verbindung von Vergangenheit und Gegenwart.

Große und kleine Spielkinder kommen hier voll auf ihre Kosten.

Historisches Museum

Wenn Kinder genauso viel Spaß haben wie Erwachsene, dann hat ein Museum alles richtig gemacht. Ich glaube, dem Historischen Museum ist genau das gelungen. An einer überdimensionalen Schneekugel treffe ich mich mit Susanne, die mir versichert, gerade direkt vor dem ersten Highlight zu stehen: der gläsernen Schneekugelkuppe. Ihr Boden reicht bis hinunter in den Museumskeller und dort im Verborge-

Die riesige Schneekugel mit Roboter-Steuerung gibt es nur hier

nen stehen acht verschiedene Frankfurter Landschaften. Jede einzelne kann ich per Knopfdruck anfordern und von einem Roboter nach oben in die Schneekugel hieven lassen.

Ich entscheide mich für die »kriminelle Stadt« und Sekunden später erhebt sich ein Modell mit allerlei zwielichtigen Szenerien aus dem Keller in mein Blickfeld. So, erklärt Susanne, bekommen wir einen spielerischen Eindruck in die unterschiedlichen Facetten Frankfurts.

Diese Schneekugel ist übrigens ein Unikat und nur hier zu sehen. Wer einmal den Überblick über die komplette Stadt bekommen will, läuft nur ein Stockwerk höher. Hier wartet das nächste Highlight, und das ist eine Frankfurt-Miniatur auf 70 Quadratmetern. Aus Fundstücken und Recyclingmaterial seht ihr die Stadt in klein nachgebaut. Frankfurt aus Rasierpinseln, Klobürsten, Linealen und Pappbechern. Das ist ein Bild, das ihr garantiert nicht so schnell vergesst.

Historisches Museum Frankfurt
Saalhof 1 (ehemals Fahrtor 2) · 60311 Frankfurt am Main
Tel.: 069-21235154 · www.historisches-museum-frankfurt.de

Unser Fazit:

Wir wollten sehen, wie vielfältig Frankfurt tatsächlich ist, und kommen zu dem Schluss, dass diese Stadt wirklich viel zu bieten hat. Sie ist mehr als Geld und Fußball. Frankfurt ist wild, sportlich, gemütlich, genussvoll und hat es geschafft, Geschichte lebendig und greifbar zu machen. Egal ob mit schmucken Oldtimern, neuen Altbauten oder den Überbleibseln königlicher Herrschaft. Langweilig wird diese Stadt nie.

Den klassischen Bembel bekommt ihr natürlich auch in Frankfurt

KRONBERG & KÖNIGSTEIN

Ganz in der Nähe von Hessens pulsierendem Zentrum Frankfurt, eingemummelt in sattgrüne Wälder, liegt der Taunus. Eine Gegend, die allein wegen ihrer Abwechslung schon spannend ist. Auf dem Feldberg wird im Sommer gewandert und im Winter Ski gefahren, im Spielcasino in Bad Homburg verzocken die Schönen und Reichen ihr Geld und überall wechseln sich hessische Fachwerkgemütlichkeit und die schicken Villen der Gutbetuchten ab. Eingerahmt wird das alles von zahlreichen Burgen und Schlössern. Was für eine Kulisse! Wir haben uns hier gleich zwei Ziele ausgesucht, und zwar die beiden Städte, die zu den wohlhabendsten Deutschlands gehören: Kronberg und Königstein. Ob sie so majestätisch sind, wie sie klingen? Finden wir es heraus. Den Start machen wir an einem Ort, an dem das Mittelalter bis heute lebendig ist.

Willkommen auf Burg Königstein!

Burg Königstein

Die Burg Königstein gehört zu den größten Burgruinen Deutschlands. Die ersten Mauern sollen im 11. Jahrhundert errichtet worden sein, um die Reichsstraße zwischen Köln und Frankfurt zu sichern. Später wurde die Burg Heimat der Adligen, die es sich auf Mittelalterart hier gemütlich machten und an dem Gemäuer immer wieder um- und weiterbauten. 1796 allerdings sprengte ein französisches Besatzungskommando die Festung, und weil die Königsteiner ein findiges Völkchen waren, nutzten sie die Überreste, um ihre im Krieg zerstörte Stadt wieder aufzubauen. Heute liegt Frieden über der Ruine und obwohl viele Mauern nur noch in Ansätzen stehen, sind sie mit Leben gefüllt. Der Königsteiner Burgverein sorgt dafür, dass die Besuchenden eine Idee davon bekommen, wie es hier früher zugegan-

Majestätisch thront die Burg Königstein über dem Taunus

gen ist. In den Sommermonaten findet ihr hier ein großes Zeltlager, in dem sich Ritter, Burgfräulein und Mägde tummeln. Besuch ist jederzeit herzlich willkommen, um beim Fechten oder Bogenschießen zuzuschauen oder einfach mit am Lagerfeuer zu sitzen. Ihr ganzes Können zeigen sie dann im Mai, wenn das große Ritterturnier ansteht, bei dem ihr vollends ins Mittelalter abtauchen könnt.

Burgruine Königstein
Burgweg 5 · 61462 Königstein im Taunus
www.koenigstein.de/ksn/Königstein/
www.rittervonkoenigstein.de

Nach einem tollen Ausblick ins Tal machen wir uns mit Klamotten, die leicht nach Rauch riechen, auf den Weg ins Städtchen. Rund 17.000 Menschen wohnen in Königstein und genießen hier nicht nur die schöne Lage im Grünen, sondern auch das heilsame Klima. Königstein ist bekannt für seine gute Luft und wurde deswegen mit dem Prädikat »Heilklimatischer Kurort« geadelt. Hier zu Fuß unterwegs zu sein ist angeblich gesund. Logisch, dass wir das ausprobieren wollen.

Am besten geht's mit Zwiebellook.

Heilklima-Wanderung

Laut einer Studie werden die Menschen im Taunus älter als anderswo. Woran das liegt, weiß niemand so genau, aber es könnte an dem besonderen Klima liegen. Das wusste schon die Prominenz im 19. Jahrhundert zu schätzen. Adelige und Gutbetuchte kamen zur Sommerfrische oder zur Kur ins »Deutsche St. Moritz« und ließen es sich hier gut gehen. Vor dem Kurbad in Königstein treffe ich Christian, der mir bei einer Wanderung zeigen will, was seine Heimat zu bieten hat. Wir machen uns auf den Weg zum Dettweiler Tempel, von dem aus man eine fantastische Aussicht auf den Taunus hat. Auf dem Weg dahin gibt es gleich mehrere Dinge, die sich positiv auf die Gesundheit auswirken: die tolle Na-

Hier ist Laufen noch gesünder als anderswo

tur ohne Frage und der Anstieg, der den Kreislauf in Wallung bringt. Das Beste an dem Weg, erzählt Christian mir, ist aber, dass die Temperatur hier mehrfach wechselt und der Körper sich immer wieder neu darauf einstellen muss. Ich merke vor allem, dass ich bei Christians strammem Tempo ins Schwitzen komme, und freue mich deswegen umso mehr, als wir beim Dettweiler Tempel ankommen. Benannt wurde er nach dem Lungenfacharzt Peter Dettweiler, der gegen die Tuberkulose kämpfte und einen tollen Trick hatte, um seine Patientinnen und Patienten an die frische Luft zu kriegen. Sie mussten 100 Schritte gehen und anschließend ein paar Gymnastikübungen machen, und wenn das geschafft war, gab es zur Belohnung einen guten Tropfen. Bekannt geworden ist dieses heilende Programm als der »Dettweiler Marsch« und ihr könnt euch vorstellen, wie viel Spaß die Erkrankten an diesem Kurprogramm hatten. Versucht es doch einfach selbst einmal.

Kur- und Stadtinformation Königstein
Hauptstraße 13a · 61462 Königstein im Taunus
Tel.: 06174-202251 · www.koenigstein.de

Nachdem wir auf den Fußspuren der Adeligen gewandelt sind, machen wir uns auf in den Nachbarort von Königstein und fahren nach Kronberg. Hier leben rund 19.000 Menschen, und obwohl der Ort klein ist, ist er spätestens durch den Opel-Zoo in ganz Hessen bekannt. Mehr als 220 Arten leben hier, vom Afrikanischen Elefanten bis zur Zwergmanguste. Unser Geheimtipp sind die Brillenpinguine. Jeden Morgen bekommen sie eimerweise Fisch, auf den sie sich so freuen, dass sie ihn direkt aus der Hand des Pflegers naschen. Einer der dicksten Pinguine heißt übrigens Tobi, und das ist kein Zufall. Grüßt ihn von uns, wenn ihr da seid.

Folgt einfach dem Geruch des Holzfeuers.

Wir fahren weiter, rein in den Ort und landen direkt bei purer Handwerkerromantik.

Was die Industrie nicht kann, schmiedet Matze per Hand

Schmiede Scheller

In einer Ecke brennt das Schmiedefeuer, die Wände hängen voller Werkzeuge und mittendrin ist Matze mit Hammer und Amboss zugange. Für mich ist es eine Szene wie aus dem Bilderbuch, für Matze ist es Arbeitsalltag. Seit 1890 betreibt seine Familie die Werkstatt und Matze selbst ist in der fünften Generation Schmied. Er ist hier aufgewachsen und wollte schon als kleiner Junge seinem Papa nacheifern. Das hat er geschafft und heute baut er alles, was die Industrie mit ihren Maschinen nicht kann. Er hilft, Zäune und Geländer zu reparieren, kann Hufeisen machen und erfüllt euch jeden Wunsch, den man mit Eisen herstellen kann. Bis unter die Decke hängt sein Eisenzeug und wenn Matze abends ins Bett geht, freut er sich über alles, was er mit seinen Pranken geschaffen hat: wahre Kunst. Schaut mal vorbei, immer dem Geräusch des klingenden Schmiedehammers hinterher.

Schmiede Scheller
Tanzhausstraße 8 · 61476 Kronberg im Taunus
Tel.: 06173-1430 · www.schmiede-scheller.de

Langsam wird es Zeit für eine kleine Pause. Wer im Taunus unterwegs ist, kommt um Obstplantagen nicht herum. Hier in der Region wachsen so viele Äpfel wie sonst kaum irgendwo in Hessen, und die werden zu den köstlichsten Dingen verarbeitet.

Ein perfekter Stopp für sonnige Nachmittage.

Obsthof Krieger

Idyllische Flecken gibt es im Taunus viele und der Hof von Dieter gehört unbedingt dazu. Dieter ist Obstbauer und für mich der König der Äpfel. Er ist ein lebendes Lexikon, wenn es um Geschmack und Vorzüge verschiedener Apfelsorten geht. Er weiß, welche für Herzpatienten gut sind, zeigt mir seine Lieblingssorte mit rosarotem Fruchtfleisch und verrät, dass er vor allem die alten Apfelsorten anbaut, die in vielen Fällen sogar von Allergikern gut vertragen werden. Nach der Theorie kommt die Praxis, und auf die freue ich mich sehr. In Dieters großem Obstgarten dürfen Gäste es sich gemütlich machen. Es gibt Apfelsaft, einen leckeren Schoppen, Kuchen und ein paar Kleinigkeiten zu essen. Ein perfekter Stopp für sonnige Nachmittage.

Pause beim König der Äpfel

Obsthof Krieger
Geiersbergweg 1 · 61476 Kronberg im Taunus
Tel.: 0176-72258008 · www.obsthof-krieger.de

Nicht nur die leckersten Äpfel und die schönsten Burgen finden wir im Taunus, sondern auch die besten Musikerinnen und Musiker. Vor allem bei den Streichern hat Kronberg einen besonders guten Ruf, denn hier, an der »Kronberg Academy«, werden sie ausgebildet.

> Heute schon die Stars von morgen hören?

Streicher Kronberg Academy

Kaum habe ich einen Fuß in die Academy gesetzt, höre ich Musik. Geige, Bratsche und Cello werden hier ausgebildet und wer hier einen Abschluss macht, gehört zur Crème de la Crème der Musikszene. Manuel, den ich hier treffe, gehört zu den vielversprechendsten Nachwuchscellisten Deutschlands. Seit er sechs Jahre alt ist, spielt er sein Instrument und mich verzaubert er damit sofort. Wovon Menschen wie er träumen, frage ich, und er zeigt mir draußen im Park der Academy einen sehr besonderen Ort. Die steinerne Büste von Mstislav Rostropovich ist ein Pilgerort für berühmte Cellisten. Wann immer einer Kronberg besucht, kommt er hierher und bringt dem Mitbegründer der Academy ein Ständchen. So will es die Tradition und

So sieht ein Pilgerort für Cellisten aus

so kommen Besucher wie ich immer mal zufällig zu einem spontanen Privatkonzert. Geplante Konzerte gibt es natürlich auch, und wenn ihr mal da seid, habt ihr dort ziemlich gute Chancen, die Stars von morgen zu hören.

Kronberg Academy Stiftung
Beethovenplatz 1 · 61476 Kronberg
Tel.: 06173-783378 · www.kronbergacademy.de

Von der internationalen Musikszene machen wir uns auf zur internationalen Café-Kultur. Auch so etwas gibt es im kleinen Kronberg, und zwar in der unvergleichlichen Mélange von Hessen und Korea.

Wer sich hier an Neues traut, wird belohnt.

Sofias Café

Wenn jemand weiß, wie Gemütlichkeit funktioniert, dann ist es Sofia. In ihrem kleinen Café sammelt sie alles, was schön ist. Geschirr, antike Möbel, kleine Kaffeemühlen und Bilder. Mittendrin finden die Gäste Platz, und während ich noch darüber staune, was es hier alles zu sehen gibt, fängt Sofia schon mal an, meinen Teller zu richten. Ihre koreanischen Wurzeln haben sie zu einer sehr besonderen Misch-Küche aus hessischen und koreanischen Einflüssen inspiriert. Ich bekomme gleich zwei Leckereien serviert: einen Grünteekuchen und eine Nachspeise aus roten Bohnen und Grüntee-Eis. Klingt komisch, ist aber tatsächlich sehr erfrischend und ein Geschmack, den ihr garantiert noch nie so auf der Zunge hattet.

Hessen meets Korea

Sofias Café
Friedrich-Ebert-Straße 41 · 61476 Kronberg im Taunus
Tel.: 0175-8677801

Mit ein paar Spezereien im Bauch geht es für uns weiter, und weil wir auf den Spuren des Adels wandeln wollen, haben wir uns zum Abschluss einen der berühmtesten Orte im Taunus ausgesucht.

Immer gut für eine Teatime und einen Plausch über die Kaiserin.

Schlosshotel Kronberg

Schon von weitem erheben sich kleine und große Türme aus dem Taunus-Grün und was beim Näherkommen scheint wie eine hessische Version von Harry Potters Schule Hogwarts, ist in Wirklichkeit das Schlosshotel Kronberg. Der Hausherr höchstselbst, Heinrich Donatus Philipp Umberto Prinz und Landgraf von Hessen, erwartet uns schon am Eingang. Freunde nennen ihn Don,

Wo früher die Kaiserin hauste, gibt es heute Teatime für alle

sagt er mit einem kleinen Lächeln im Gesicht, und dann zeigt er mir das Haus seiner Vorfahren. Genauso stelle ich mir ein Schloss vor. Ich laufe auf edlen Teppichen, bewundere Wandvertäfelungen, die riesigen Fenster, Kamine und prächtigen Kronleuchter und versuche mir vorzustellen, wie die ehemalige Schlossherrin Viktoria Kaiserin Friedrich Königin von Preußen hier durch die Gänge wandelte. In ihrer ehemaligen Bibliothek reihen sich Bücher bis unter die hohe Decke und man erzählt sich, sie habe alle gelesen. Heute bildet die antike Bibliothek eine tolle Kulisse für Hotelgäste und Besuchende, die zur Teatime kommen. Die kann ich euch übrigens sehr ans Herz legen. Ihr sitzt nicht nur toll, sondern bekommt auch vorzügliche Scones, Sandwiches oder Tartes serviert. Lecker!

Wer mehr Zeit hier verbringen will, kann hier übrigens auch königlich übernachten. Dann schaut ihr von eurem eigenen Balkon über die Wälder des Taunus bis nach Frankfurt, bevor ihr abends in eines der gemütlichen Betten fallt.

Schlosshotel Kronberg
Hainstraße 25 · 61476 Kronberg im Taunus
Tel.: 06173-70101 · www.schlosshotel-kronberg.com

Unser Fazit:

Wenn zwei Städte die Worte Krone und König im Namen tragen, darf man das auch spüren. Die Menschen, die hier leben, sorgen gut dafür, dass unsere Fantasie nicht enttäuscht wird. In Kronberg und Königstein finden wir urhessische Gemütlichkeit, aber mit einer majestätischen Note. Was wir mitnehmen, ist die Gewissheit, dass zwischen Apfelwein und English Teatime manchmal nur ein paar Schritte liegen.

IDSTEIN

Im südhessischen Rheingau-Taunus Kreis, eingebettet in grüne Hügel liegt eine kleine Perle: Idstein. Ein hübsches Städtchen ist es schon auf den ersten Blick. Rund 25.000 Menschen wohnen hier. Damit ist Idstein zwar eher klein, aber es hat trotzdem große Strahlkraft. Die Idsteiner jedenfalls lieben ihre Heimat. Woran das liegt? Das finden wir heraus.

Den Start machen wir in der Altstadt. Gepflegte Fachwerkhäuser kuscheln sich hier aneinander, die Blumen, die überall gepflanzt sind, sorgen für bunte Farbklekse. Hektik? Fehlanzeige. Geschichten gibt es allerdings viele, schließlich haben sich die ersten Menschen hier schon im frühen Mittelalter angesiedelt. Mehr darüber erfahren wir, wenn wir das Wahrzeichen von Idstein besuchen. Also nichts wie hin.

Im Hexenturm warten ein toller Ausblick und ein Schnaps.

Hexenturm

Schon von weitem seht ihr den Hexenturm. Die ältesten Mauern stammen aus dem 12. Jahrhundert. Danach wurde Stück für Stück dazugebaut und nun misst er stolze 42 Meter und bietet einen guten Überblick über die Stadt. Eine nützliche Sache. Früher haben hier die Türmer heruntergeschaut und bei Gefahr sofort Alarm geschlagen. So waren sie Brandmelder, Polizei und aufmerksamer Nachbar in einem. Den Beruf des Türmers gibt es heute zwar nicht mehr im eigentlichen Sinne, aber es gibt Michael. Der schlüpft regelmäßig für Besuchende in die Rolle des Türmers und zeigt ihnen den Hexenturm und seine Geheimnisse. Michael ist in Idstein geboren und liebt seine Heimat. Als er vor ein paar Jahren selbst eine Führung durch den Turm mitgemacht hat, wurde er angesprochen und gefragt, ob er sich vorstellen kann, hier zu arbeiten. Er konnte und kam so zu seinem Job. Fit bleibt er hier auf jeden Fall, denn

Den besten Ausblick gibt es im Hexenturm

hoch in den Turm geht es über Treppen. Bis zum 18. Jahrhundert gab es sogar nur eine Leiter, erzählt er und ich bin augenblicklich froh, dass diese Zeiten vorbei sind. Der Hexenturm heißt übrigens so, weil hier im finstersten Mittelalter als Hexen verurteilte Frauen geköpft und verbrannt wurden. Ihnen ist dieser Turm heute gewidmet und soll an sie erinnern. Eine späte Ehre, die den Idsteinern eine Herzensangelegenheit ist.

Also nix wie rauf auf das historische Gemäuer

Viel weniger finster ist die Geschichte zu dem Loch, das in den Turmboden eingelassen und mit einem schweren Gitter gesichert ist. Auf den ersten Blick sieht es aus wie ein altes Turmgefängnis, aber Michael erzählt, dass diese Kammer einen viel schöneren

Zweck erfüllt hat. Hier waren die Vorräte untergebracht: Wasserfässer, Salzfleisch und immer auch ein kleines Fässchen Wein für den Grafen. Das nenne ich mal eine sinnvolle Idee. Alte Gemäuer verbergen sonst häufig irgendwelche Horrorgeschichten; dieses hier verbirgt ein Abendessen und einen guten Schluck. Da fühle ich mich doch direkt zu Hause.

Statt einer Picknickpause geht es für uns aber erst mal noch weiter rauf. Unterwegs finden wir in den Wänden des Turmes immer wieder große Löcher. Die findigen Idsteiner haben zu unruhigeren Zeiten, wenn sie angegriffen wurden, Balken von drinnen durch diese Löcher nach draußen gelegt. Die mutigsten sind anschließend daraufgeklettert und haben ihren Turm von außen aus der Luft verteidigt. Mit Pfeil und Bogen oder Armbrust. Kein Job für Menschen mit Höhenangst. Ich genieße den Blick von oben auf die Altstadt auch lieber von innen aus dem Fenster. Fantastisch! Michael hat jetzt übrigens doch noch eine kleine Belohnung für tapfere Turm-Erklimmer: Er zieht ein Schnäpschen aus seinem Gewand, die »Kräuterhexe«. Einen trinkt ihr vor dem Abstieg; alle anderen lieber, wenn ihr sicher wieder unten angekommen seid.

Führungen über Tourist-Info Idstein: König-Adolf-Platz
Killingerhaus · 65510 Idstein
Tel.: 06126-78620 · tourist-info@idstein.de

Zurück in der Altstadt wollen wir jetzt ins pralle Leben eintauchen. Zuerst folgen wir einem Tipp, den wir von den Idsteinern selbst bekommen haben. Wer hier zu Besuch ist, muss unbedingt »Idsteiner Nüsse« probieren. Sie gelten als echte Spezialität. Die besten gibt es angeblich bei Martha und Anna-Louise.

Da probieren wir natürlich gerne!

Martha und Anna-Louise machen Süßmäuler froh

Süß und bitter – Idsteiner Nüsse

Das »süss & bitter« ist ein kleines Stehcafé mitten in Idstein und hier ist immer etwas los. Kein Wunder, neben italienischem Kaffee gibt es hier eine ganze Theke voll mit Marzipan, Pralinen, kandierten Früchten und den berühmten »Idsteiner Nüssen«. Ein Traum für alle, die gerne naschen.

Martha und ihre Tochter Anna-Louise führen den Laden seit 2020 gemeinsam. Das war nicht immer so geplant, aber als Martha schwer krank wurde, ist Anna-Louise ohne zu zögern eingesprungen. Mit viel Engagement und der Liebe der Stammkundschaft ist alles gut gegangen und heute steht auch Martha wieder mit roter Schürze und einem Lächeln im Gesicht im Laden. Überhaupt, die Atmosphäre hier ist so herzlich, dass man gar nicht wieder weg will. Ein Treffpunkt für alle: von der Oma, die auf ein Schwätzchen kommt, bis zu den Kindern, die ihr Taschengeld hier in Schokolade umsetzen. Doch jetzt zu den »Idsteiner Nüssen«: Sie sind aus heller oder dunkler Schokolade und gefüllt mit

Nougat und Walnusskrokant. Das schmilzt auf der Zunge und ich schwöre euch: Diese Nüsse sind so lecker, dass eine euch nicht reichen wird.

Erfunden hat sie übrigens der Idsteiner Konditor Dieter Bosssong und es war sein Meisterstück. Danke, Dieter für diese unfassbar leckere Schweinerei!

Confiserie süss & bitter · Fam. Schuster GbR
Rodergasse 6 · 65510 Idstein · Tel.: 06126-583741
www.suessundbitter.com

Frisch gestärkt ziehen wir weiter zur nächsten Sehenswürdigkeit. In fast jedem Reiseführer sind Kirchen aufgelistet, die Touristen zum Staunen bringen sollen. Diese hier schafft es garantiert:

In der Unionskirche gibt es was zu gucken.

Unionskirche

Die schwere Kirchentür schwingt auf und ich komme aus dem Staunen nicht mehr heraus. Überall an den Wänden und an der Decke hängen Bilder. Die ganze Kirche gleicht einer Kunstgalerie. So etwas habe ich noch nie gesehen. Pfarrerin Daniela arbeitet hier und ist daran gewöhnt, dass die Besuchenden mit offenen Mündern staunen. Sie erzählt mir, dass auch dabei die Idsteiner ihre Finger im Spiel hatten. 2014 wurde die Kirche geschlossen und alle Bilder wurden abgenommen. Restauratorinnen und Restauratoren machten sich an die Arbeit und reinigten die alten Gemälde mit winzigen Wattestäbchen und viel Geduld. Finanziert wurde das Ganze über Patenschaften. Wer wollte, suchte sich eines der Bilder aus und gab Geld dafür. Heute strahlen sie wieder, als wären sie gerade erst gemalt worden. Was für ein schöner Arbeitsplatz. Hier ist nicht nur Daniela zu Hause, sondern auch ihr Mann Carsten. Der ist Kantor in der Unionskirche und spielt

Kirche oder Kunstgalerie? Die Unionskirche ist beides

bei Gottesdiensten und Feiern die Orgel. Baujahr 1912 ist sie. Ein altes Mädchen, auf dem ich ein paar Takte spielen darf. Bis in die letzte Reihe klingt der Ton und macht mir eine kleine Gänsehaut. So schön ist das.

Unionskirche
Martin-Luther-Straße 1· 65510 Idstein
www.unionskirche-idstein.de

Mit Musik ist vieles bekanntlich schöner. Deswegen bleiben wir noch ein bisschen dabei. Wir ziehen zu einem Mann, der aus Resten die schönsten Instrumente baut.

Aus Blechdose wird Gitarre.

Bastian baut Instrumente aus Resten

Blues Bones

Schon auf dem Weg zu Bastians Laden habe ich das Gefühl, dass hier etwas Besonderes wartet. Ein riesiger Wassertank liegt dort auf dem Rasen wie ein ausrangiertes U-Boot. Bastian hat eine Schwäche für alte Sachen und überlegt immer, was er aus ihnen machen kann. Für den Wassertank ist ihm bislang noch nichts eingefallen, also falls ihr Ideen habt, immer her damit.

Bastians Steckenpferd sind Gitarren. Er baut sie buchstäblich aus allem, was einen Klangkörper hat. Bei ihm in der Werkstatt stapeln sich Schuhcreme- und Kaviar-Dosen, Zigarrenkisten und Blechkanister. Daraus macht der gelernte Gitarrenbauer Unikate, die mein Musikerherz höherschlagen lassen. Sie sehen nicht nur fantastisch aus, sondern klingen auch gut. Besonders geeignet sind seine Instrumente für den Blues, erzählt Bastian. Er ist übrigens nicht der Erste, der Gitarren aus dem baut, was der Alltag so übrig lässt. Schon in den 20er und 30er Jahren haben Straßenmusizierende sich auf diese Art ihre Instrumente gebaut. Bastian hat sich diese Kunst zum Vorbild genommen und den Ehrgeiz, möglichst viele Teile aus wiederverwertbaren Materialien herzustellen. Er hat einen guten Draht zu Möbelfirmen, die ihm immer mal wieder Holzreste überlassen, und in mancher Gitarre steckt ein Hals aus alten Eichen-Fußleisten. Das ist die lässigste Art von Nachhaltigkeit, die ich je gesehen habe.

Wenn ihr noch besondere Kisten bei euch im Keller habt, Bastian freut sich immer über Material.

Blues Bones · Bastian Ortner
Idsteiner Str. 21 · 65510 Idstein-Walsdorf
Tel.: 0171-8482695 · www.blues-bones.de

Achtung, es wird laut!

Mit Musik im Ohr ziehen wir weiter und finden etwas außerhalb der Stadt einen ganz anderen Sound.

Motorrad Trial beim AMC Idstein

Abenteuer auf zwei Rädern – Trial fahren

Röhrende Motoren und pures Adrenalin kriegt ihr auf dem Trial-Gelände vom AMC Idstein. Trial fahren nennen Motorradfreaks es, wenn sie mit ihren Maschinen über Dinge fahren, denen man normalerweise lieber ausweicht. Dementsprechend liegen überall auf der unbefestigten Strecke Baumstämme, Lastwagenreifen oder riesige Betonklötze. Die richtigen Profis, und davon gibt es hier einige, erklimmen mit ihren speziellen

Trial-Motorrädern sogar meterhohe Felswände. Die Einführung für mich macht Lisa. Sie erklärt mir, dass es beim Trialfahren nicht um Geschwindigkeit geht, hier ist stattdessen pures Geschick gefragt. Ich habe zwar selbst ein Motorrad, aber das hier ist etwas ganz anderes und deswegen geht mir auch ein bisschen die Düse, als ich aufsteige. Ich darf bei meinen ersten Fahrversuchen noch die Füße zu Hilfe nehmen, die echten Könner tun das natürlich nicht. Bei Wettbewerben darf man weder stehenbleiben noch einen Fuß absetzen, sondern muss alle Hindernisse fahrend meistern. Es ist eine verdammt wackelige Angelegenheit, aber wenn du ein kleines Hindernis geschafft hast, wirst du mit purem Glücksgefühl belohnt.

Am besten, ihr probiert es einfach selbst. Schnuppertrainings gibt es immer sonntags, die genauen Termine findet ihr online.

AMC Idstein
Zissenbach 1 · 65510 Idstein
Tel.: 06126-70197 · www.amc-idstein.de

Wir werden zu Römern auf Zeit.

Den Körper mit Glücksgefühlen geflutet, machen wir uns auf zum nächsten Idsteiner Kleinod. Wir tauchen noch einmal ab in die Geschichte der Gegend und dabei können wir selbst aktiv werden.

Römerturm

Ein bisschen außerhalb von Idstein erhebt sich auf einem freien Feld der »Römerturm«. Der Bau, der heute dort steht, ist eine liebevoll nachgebaute Rekonstruktion. Die Römer waren aber tatsächlich hier und hatten von ihrem Original-Turm den gleichen Ausblick wie wir heute.

Was die Römer hier getrieben haben, davon erzählen mir die Mitglieder vom »Freundeskreis Limes im Idsteiner Land«, die sich hier ehrenamtlich und mit großer Begeisterung um alles kümmern. Frank ist einer von ihnen, und bevor er mir den Turm von innen zeigt, sorgt er erst mal dafür, dass ich passend gekleidet bin. Ich stecke den Kopf durch das Kettenhemd, dass er mir hinhält, und bin im nächsten Moment rund zehn Kilo schwerer als vorher. Nicht gerade komfortabel, diese römische Arbeitskleidung, aber sie bot einen guten Schutz vor feindlichen Stichwaffen. Unter leisem Geklapper geht es die Leiter rauf in die römische Wohnstube. Hier werden echte Schätze aufbewahrt. Amphoren, Kochgeschirr und sogar original römische Schalen, die etwa um das Jahr 200 nach Christus gefertigt wurden. Bei der Vorstellung, wie viel Zeit diese Dinge überdauert haben, bekomme ich tatsächlich Gänsehaut. Einen Stock höher klettert ihr in die Wachstube. Der Blick von hier oben geht weit über das Land, und das war für die Römer sehr nützlich. Näherte sich ungebetener Besuch, schlugen die Wachleute Alarm. Dafür gab es damals wie heute eine große Tröte. Mit der machten die Wachleute so viel Lärm, dass auch die umliegenden Wachtürme es mitbekamen und gewarnt waren. Das funktioniert garantiert, probiert es aus. Einfach so lange in die Tröte pusten, bis euch die Ohren klingeln.

Fast wie ein alter Römer, oder?

So viel Spaß kann Geschichte machen. Der Turm ist übrigens seit 2006 Weltkulturerbe, und zwar eines zum Anfassen, Ausprobieren und Mitmachen.

Infos und Führungen: Herr Michael Rodschinka
Freundeskreis Limes im Idsteiner Land e. V.
Im Alten Rod 2 · 65527 Niedernhausen
info@limes-idsteiner-land.de · www.limes-idsteiner-land.de

Das Kettenhemd legen wir ab, aber weil es so schön ist, verweilen wir noch ein bisschen in der Vergangenheit. Die Idsteiner leben mit ihrer Vergangenheit, und so kam es, dass hier die wahrscheinlich schönste Schule Deutschlands eingerichtet wurde.

Unterricht im Prinzengemach.

Idsteiner Schloss

Weiß- und rotbraun leuchtet das Renaissance-Schloss über der Stadt. Andere Städte würden hier Souvenirs verkaufen und von früh bis spät Führungen anbieten. Die Idsteiner sind da praktischer veranlagt und beherbergen hier stattdessen ein Gymnasium: die Pestalozzischule. Wo einst Grafen und Fürsten durch die Flure gewandelt sind, toben heute Jugendliche durch

Früher Schloss, heute eine der schönsten Schulen Hessens

die hohen, stuckverzierten Räume. Außerhalb des Unterrichts dürfen hier aber auch Besuchende rein. Mein Tipp: Schaut euch in den Klassenzimmern mal die Deckengemälde an. Auf einem ist ein Männchen mit einem Brathähnchen zu sehen. Womit bewiesen wäre; auch der Adel hat zuweilen Humor.

Nach so viel Action und Geschichte meldet sich der Hunger. Wir jedenfalls brauchen jetzt eine Pause. Dafür machen wir uns auf in den Stadtteil Niederauroff.

Hier wird es garantiert mett… ähh… nett!

Zum Haubental

Hier sind zwei echte BBQ-Meister zu Hause. Alex und Chris haben sich hier ihren Traum erfüllt: ein gemütliches Gasthaus mit großem Biergarten und natürlich einem Grill, der bei jedem Wetter befeuert wird. Hier servieren euch die beiden unter ande-

Zu Gast bei den BBQ-Meistern

rem ihr BBQ-Meisterstück: »Der Haubentaler«, ein Handkäs-Burger mit Rindfleisch, Käse und Zwiebeln. Eine Geschmacksexplosion auf der Zunge. Achtet mal drauf, die kommt in Stufen. Zuerst schmeckt ihr die grüne Soße, danach das Fleisch und am Ende kommen Käse und Zwiebeln dazu. Ein absoluter Genuss. Wer aus irgendeinem Grund keine Lust auf Burger hat, bekommt hier aber auch viele andere hessische Leckereien. Die beiden wissen, was sie da tun. Chris ist gelernter Koch und in Idstein geboren. Als er jünger war, hat es ihn erst mal in die Ferne gezogen: Nach seiner Lehre in Niedernhausen ging es in die Schweiz und an die Mosel, bis das Heimweh irgendwann die Oberhand bekam. Jetzt sind Chris und Alex hier sesshaft geworden. Was für ein Glück für uns.

Gasthaus »Zum Haubental«
Brunnenstraße 12 · 65510 Idstein
Tel.: 06126-953752 · www.gasthauszumhaubental.de

Ein wirklich guter Ort zum Versacken. Hier hätten wir stundenlang bleiben können, aber wir ziehen weiter, zu einem letzten Drink in Idstein.

Für ein Bier ist es nie zu spät.

Idsteiner Brauhaus Alte Feuerwache

Unsere letzte Station ist die ehemalige Feuerwache. Hier wird immer noch gelöscht, allerdings nur noch der Durst der Gäste. Wo früher Leiterwagen, Schläuche und mutige Feuerwehrleute untergebracht waren, findet ihr heute eine Brauerei mit angeschlossenem Gasthaus. In riesigen, glänzenden Kupferkesseln braut Armin hier unter anderem das Idsteiner Helle. Dazu gekommen ist er per Zufall oder vielleicht hatte auch das Schicksal seine Finger im Spiel. Angefangen hat alles 2003. Damals weckt ein Fernsehbericht über Gasthaus-Brauereien Armins Interesse. Eine gute Idee ist das, findet er. Als er kurz darauf die Zeitung aufschlägt, sieht er, dass die Alte Feuerwache zu vermieten ist. Eine einmalige Chance.

Es ist eine Sache von Tagen, bis die Gemeinde ihm den Zuschlag gibt und er anfängt, alles einzurichten. Heute sitze ich direkt neben den glänzenden Kesseln und darf Qualitätskontrolle machen, wie Armin es nennt. Dafür gebe ich mich natürlich gerne her, und was soll ich euch sagen: Das Idsteiner Herbstbier bekommt von mir eine glatte Eins.

In der alten Feuerwache löscht Armin euren Durst mit Selbstgebrautem

Idsteiner Brauhaus »Alte Feuerwache«
Schulgasse 6 · 65510 Idstein
Tel.: 06126-958112 · Montag Ruhetag
Di. – Do./So. 11.30 Uhr – 23.30 Uhr, Fr./Sa. 11.30 Uhr – 24 Uhr
www.brauhaus-alte-feuerwache.de

Unser Fazit:

Könnte man sich ein Traumstädtchen ausmalen, am Ende würde es wie Idstein aussehen. Zwischen uralten Fachwerkhäuschen warten Geschichte und Geschichten auf euch. Von Hexen, Römern und denen, die heute in Idstein leben. Ihr bekommt Action, tolle Ausblicke, gute Getränke und leckeres Essen. Kein Wunder, dass die Idsteiner ihre Stadt so sehr lieben. Wetten, ihr verliert euer Herz hier ebenfalls?!

LIMBURG

Limburg an der Lahn, ganz im Westen von Hessen, ist ein echtes Schmuckstück. Das ganze Jahr über kommen Menschen hierher, um sich die Stadt anzuschauen. Ja, die Stadt und nicht das Dorf oder den kleinen Ort, darauf bestehen die knapp 36.000 Limburger schon. Bekannt ist ihre Heimat für den Dom und die hübsche Altstadt. Aber was macht den Zauber von Limburg aus? Ist es die Kirchengeschichte, die teilweise mehr als 2.000 Jahre zurückreicht, die Lage direkt an der Lahn oder die Gemütlichkeit, die Kopfsteinpflastergassen und Fachwerkhäuser ausstrahlen? Finden wir es heraus.

Wird Limburg unser Herz erobern?

Stadtrundgang mit Limburgern

Niemand kennt die Stadt so gut wie Einheimische und natürlich findet man mit so jemandem an der Seite

Die Limburger erzählen euch gerne Stories aus der Stadt

ganz andere Ecken als wenn man sich an Reiseführer oder Infotafeln hält. Also laufe ich erst mal los und schaue, wen ich so treffe. Hilfspolizist Ralf zum Beispiel ist jeden Tag zu Fuß in Limburg unterwegs und manchmal, erzählt er, trifft er dabei sogar Prominenz. Fußballer Miro Klose zum Beispiel kommt öfter her. Sein Manager lebt in Limburg, und wenn unser Ex-Weltmeister und Lieblingsstürmer diesen aufsucht, verbindet er das gerne mit einem Spaziergang an der Lahn oder einer ruhigen Runde Angeln. Doch nicht nur die Prominenz, auch die Stadt selbst bietet jede Menge Gesprächsstoff. Denn für den sorgen die Limburger auch gerne selbst, zum Beispiel in der Bäckerei Hensler.

Hier werden Touristen regelmäßig liebevoll hereingelegt.

Bäckerei Hensler

Ich schlendere durch die engen Gassen und bewundere, wie gut die vielen alten Fachwerkhäuser heute noch in Schuss sind. Das älteste stammt aus dem 13. Jahrhundert und das auffälligste ist wahrscheinlich das alte Bäckerhaus Hensler. An der Fassade kleben Brezeln, Blumen und mystische Figuren. Ilo, ein alteingesessener Limburger, erklärt mir, dass Hensler Senior nicht nur Bäcker, sondern auch ein ambitionierter Künstler war. Er hat die Figuren geschaffen und an seinem Haus angebracht. Viele denken, sie seien aus dem Mittelalter, und gutgläubigen Touristinnen und Touristen wird das auch gerne mal weisgemacht. Ihr wisst es jetzt besser. Überhaupt stellt sich heraus, dass meine Zufallsbekanntschaft einen wahren Schatz an Limburger Geschichten mit sich herumträgt. Vielleicht liegt das daran, dass er ein »Limburger Säcker« ist. So werden die genannt, die nicht nur hier leben, sondern auch in Limburg geboren sind. Ilo erzählt mir auch, dass es in der Altstadt von Limburg nur zwei echte Steinhäuser gibt. So etwas konnten sich früher nur reiche Leute leisten und deswegen nannte man sie eben auch »steinreich«. Ich weiß nicht, wie es euch geht, aber ich freue mich immer, wenn Alltagsbegriffe eine eigene Geschichte bekommen. Übrigens, was zu futtern auf die Hand kriegt ihr beim Bäcker Hensler natürlich auch. Die

Die Fassadenkunst bei Bäcker Hensler ist ein echter Blickfang

Spezialität ist der »Belgische Brocken«, ein herrlich weiches Brötchen, in das ein frischer Schokokuss gedrückt wird. Lecker!

Bäckerei Hensler
Kolpingstraße 1 · 65549 Limburg an der Lahn
Tel.: 06431-3596 · https://kunstbackerei-hensler.business.site

Ein Städtetrip bleibt im besten Falle unvergesslich und macht den oder die Reisenden glücklich. In Limburg könnt ihr der Sache ein bisschen auf die Sprünge helfen. Denn hier verkauft Lilo euch »das Glück«.

Das hier ist ein Ort fürs Herz.

Lilos Laden

Traumfänger, Räucherstäbchen, Ohrringe, Düfte, Zinnfiguren, Lilos Laden ist eine echte Wundertüte. Ihre Spezialität sind allerdings besondere Edelsteine und wegen denen kommen viele Menschen sogar extra hierher. Mit einem Pendel findet Lilo heraus, welcher Stein euch persönlich besonders viel Glück bringt, und zwar genau da, wo ihr es vielleicht braucht. Ich komme mit einem jungen Paar ins Gespräch. Die beiden waren schon einmal hier, um ihre Beziehung zu retten. Lilo pendelte, gab ihnen die passenden Glückssteine und offenbar hat es geklappt: Die zwei sind wieder glücklich miteinander und lassen auf Lilos Kunst natürlich nichts kommen. Okay, ich gebe der Sache jetzt auch eine Chance. Lilos Pendel verrät ihr, dass es mir schwerfällt, NEIN zu sagen. Erwischt. Das stimmt. Ich bekomme einen gelben Stein und ein Mantra mit auf den Weg: »Sag niemals JA, wenn du NEIN sagen willst«. Klingt einfach, ist es aber oft nicht für mich. Jetzt also hängt eine kleine, gelbe Unterstützung auf meiner Brust, und soll ich euch etwas sagen? Hin und wieder gelingt es mir, auch mal etwas abzulehnen. Tut richtig gut. Danke Lilo.

Lilo ist pures Herz!

Lilos Laden
Fleischgasse 10 · 65549 Limburg an der Lahn
Tel.: 06431-22344 · www.lilosladen-limburg.de

Mit meinem neuen Glück um den Hals und einem warmen Gefühl im Bauch geht es weiter. Wir wollen die Stadt noch einmal aus einer anderen Perspektive kennenlernen. Dafür geht es aufs Wasser.

Zum Grillen aufs Wasser? Klingt komisch, ist aber gut!

BBQ-Donut Wasserfest

Eine Stadt am Wasser ist für mich immer etwas ganz Besonderes. In Limburg könnt ihr obendrein noch einiges auf dem Wasser erleben. Dafür braucht ihr ein paar Herzensmenschen, etwas Abenteuerlust und Hunger, die besten Voraussetzungen für den Barbecue-Donut. Daniel verleiht diese ungewöhnlichen Boote, die wie ein Frisbee auf dem Wasser liegen. In der Mitte gibt es einen

Cooler als Grillen ist nur BBQ auf dem Boot

Grill, der natürlich zu Beginn der Fahrt angefeuert wird. Den Kapitän bestimmt ihr, es gibt eine kleine Einweisung und schon geht es los. Der Elektromotor tuckert, ihr genießt das ruhige Plätschern der Lahn, die Ausblicke auf grüne Wiesen, Campingplätze oder den Limburger Dom und ich wette jetzt schon mit euch, dass es sich anfühlt wie ein guter Sommerurlaub. Nach einer Weile ist dann auch das Grillgut fertig und ihr könnt mitten auf dem Wasser picknicken. Der Neid der anderen ist euch sicher.

Wasserfest BBQ-Donut · Eschhöfer Weg
Schiffsanleger/Bootsverleih · 65549 Limburg an der Lahn
Tel.: 0176-63301033 · www.wasserfest.de/bbq-donut.html

Auf dem BBQ-Donut seid ihr alleine zuständig für Essen und Getränke. Natürlich gibt es aber auch viele Orte, an denen ihr euch um nichts dergleichen kümmern müsst. In einem gemütlichen Altbau finden wir ein echtes Highlight für alle, die gerne Hochprozentiges mögen.

Einmal stilvoll an der Bar versacken? Kein Problem.

Villa Konthor

Wenn ihr einmal komplett abtauchen und den Alltag hinter euch lassen wollt, dann nehmt euch eine Auszeit in der »Villa Konthor«. Hinter der Tür des schmucken Eckhauses wartet eine eigene Welt auf euch. Ein großer, dunkler Holztresen und in hohen Regalen Whiskys aus der ganzen Welt. 700 verschiedene Sorten sind es und Robin ist der Mann, der euch hilft, darunter die richtige zu finden. Ich bin ehrlich gesagt bislang nie ein Whiskytrinker gewesen und brauche dringend Beratung. Robin empfiehlt einen schottischen Highland Single Malt und beschreibt ihn in blumigen Worten: Sanft soll er sein, perfekt für Einsteiger, mit einem leichten Honiggeschmack. Alles klar. Ich probiere und gebe Robin Recht. Mit dem könnte ich mich

Wer Whisky liebt oder es lernen will, ist hier richtig

anfreunden. Natürlich gibt es hier nicht nur was für Anfängerinnen und Anfänger, sondern auch echte Raritäten. Darunter sogar ein paar Whiskys, die heute nicht mehr hergestellt werden.

Wer tiefer in die Materie eintauchen will, kann das im hauseigenen Tasting-Room. Hier gibt es zu jedem Schluck Erklärung und Beratung. Ideal zum Versacken und ein tolles Geschenk für Hobbyschotten oder Whisky Fans.

Villa Konthor
Werner-Senger-Str. 23 · 65549 Limburg an der Lahn
Tel.: 06431-218958 · www.villakonthor.de

Wir tauchen wieder auf aus der Welt der geistigen Getränke und sind in der Stimmung für das, was Limburg eben auch berühmt macht: den Dom! Wie ein Wächter thront er auf dem Domfelsen über der Stadt. Natürlich ist er nicht nur von Weitem beeindruckend, sondern auch aus der Nähe sehenswert. Wenn ihr ihn besser kennenlernen wollt, vertraut euch Bernhard an. Er ist Domschweizer, das ist so etwas wie der Bodyguard für das Kirchenhaus und er macht Führungen durch die verschiedenen Türme und Etagen. Wir ziehen von da aus weiter zu dem Ort, an dem der größte Schatz der Stadt untergebracht ist.

Hier läuft euch eine Gänsehaut über den Rücken!

Diözesanmuseum

In vielen Kirchen finden wir heute wertvolle Statuen, Bilder und Reliquien, doch in Limburg wartet weit mehr auf uns: der Domschatz. Um den zu sehen, geht es runter in die Katakomben und durch eine schwere Eisentür. Gut gesichert in mehreren Vitrinen, bekommt ihr hier Kirchengeschichte vom Feinsten. Der Petrusstab zum Beispiel hat einen langen Weg hinter sich. Mit ihm soll der Apostel Petrus unterwegs gewesen sein und sogar mal einen Mann von den Toten zurückgeholt haben. Das ist ziemlich beeindruckend, und es kommt sogar noch besser: Neben dem Arbeitswerkzeug von Petrus steht die Staurothek. Ein prunkvoller Schrein, in dem ein Teil des Kreuzes aufbewahrt wird, an dem Jesus Christus einst

Petrus Wunderstab und ein Stück Jesuskreuz liegen gut verwahrt in Limburg

starb. Egal wie ihr zur Kirche steht, bei diesem Anblick ergreift, glaube ich, alle eine feierliche Ehrfurcht.

Diözesanmuseum
Domstraße 12 · 65549 Limburg
Tel.: 06431-28113482 · www.staurothek.de

Limburg ist ideal für einen Tagesausflug, aber es gibt so viel zu entdecken, dass ihr auch gut ein bisschen länger bleiben könnt. Neben dem Campingplatz und einigen Hotels existieren auch einige besondere Unterkünfte. Eine davon befindet sich direkt am Wasser.

Hier begleitet euch ein sanftes Rauschen in den Schlaf.

Ferienwohnung Obermühle

Schon von weitem hört ihr es leise plätschern. Dieses ausgesprochen gemütliche Geräusch kommt von einem riesigen Wasserrad, das sich fleißig hier an der Obermühle dreht und damit Strom produziert. Der versorgt das ganze Haus, und das ist ziemlich groß. Im Erdgeschoss findet ihr ein Restaurant mit Biergarten, oben wartet ein privates Reich auf Übernachtungsgäste. Wer hier herkommt, wohnt unterm Dach, mit dicken Balken, großen Fenstern und hohen Decken. In »Bärlis Ferienwohnung« finden locker sechs Leute Platz. Wer möchte, versorgt sich in der eigenen Küche selbst, wer das Kochen den Profis überlassen will, geht einfach eine Eta-

Urige Ferienwohnung mit viel Platz …

... und im Sommer habt ihr den Biergarten direkt vor der Tür

ge tiefer in den Gastraum. Ein idealer Platz, um einen aufregenden Tag in Limburg ausklingen zu lassen.

Ferienwohnung Obermühle
(Bärlis Ferienwohnung in der Obermühle)
Am Huttig 3 · 65549 Limburg an der Lahn
Tel.. 06431-5840084

Unser Fazit:

Limburg hat unsere Herzen im Sturm erobert. Hier werden Tradition, Gemütlichkeit und jede Menge Geschichte zu einem aufregenden Mix. Im Sommer lockt die Lahn, zu jeder Jahreszeit locken die Menschen, die diese Stadt mit ihrer herzlichen Eigenwilligkeit zu etwas Besonderem machen. Kommt her und lasst euch ebenfalls verzaubern.

FULDA

Im Osten von Hessen liegt Fulda, eine Stadt mit vielen Gesichtern und einer langen Geschichte. Angefangen hat alles schon im Jahr 744 mit dem Bau des Benediktiner Klosters. Nach den Mönchen kamen die Siedler und bauten Fulda um das Kloster herum. Heute liegt Fulda nicht nur am gleichnamigen Fluss, sondern auch in der geografischen Mitte Deutschlands und sogar Europas. 70.000 Menschen wohnen hier und es werden immer mehr. Dazu kommen rund 300.000 Touristinnen und Touristen jedes Jahr. Fulda scheint eine magnetische Anziehungskraft zu haben. Woran das liegt? Das finden wir heraus.

Der schönste Platz ist an der Theke, also auf in die Bar.

»Heimat«

Meine erste Station führt mich direkt in die »Heimat«. Eine lässige Mischung aus Café und Bar, die von zwei echten Fuldaer Jungs gegründet wurde. Anders als viele ihrer Freunde haben Paul und Felix nach der Schule nicht das Weite gesucht, sondern beschlossen, hierzubleiben. Kennengelernt haben die beiden sich beim Jobben, als sie ihre ersten Erfahrungen in der Gastronomie gesammelt haben. Aus den Kollegen wurden Freunde und schließlich Geschäftspartner.

Paul ist das Herz der »Heimat«, Felix die Seele und gemeinsam haben die zwei viele gute Ideen. Eine davon heißt Regionalität: Fast alles, was ihr in der »Heimat« esst und trinkt, kommt aus der Nähe und nicht weiter weg als 20 Kilometer. Der Rhön Tequila zum Beispiel stammt aus einer Destille in Schlitz und ich bekomme ihn direkt serviert. Die Zutaten sind natürlich andere als beim echten Tequila, das Trinkritual ist das gleiche. Statt Salz gibt es einen Tupfer Senf auf die Hand, statt der Zitrone bekomme ich Kümmelbrot mit Schwartemagen. Ein Riesenspaß und ehrlich gesagt schmeckt mir diese Variante viel besser als das mexikanische Original. Wer mehr davon will, braucht natürlich eine gute Grundlage. Hier heißt die Spezialität Kümmelbrot. Das kommt aus der Rhön und wird mit verschiedenen Leckereien serviert. Eine runde Sache. »Es ist nicht, wo du bist, es ist, was du draus machst«, findet Paul. Wie Recht er hat.

Riesig und sehr lecker: das Kümmelbrot in der »Heimat«

Heimat. Café.
Bar. Musik
Buttermarkt 2–6
36037 Fulda
Tel.: 0661-95273597
www.heimat-fulda.de

Frisch gestärkt widmen wir uns jetzt den Dingen, für die Fulda berühmt ist: dem Barock. Hier findet sich immerhin das größte zusammenhängende Barockviertel Deutschlands. Davon wollen wir jetzt was sehen.

Wir freuen uns auf pure Pracht!

Fuldaer Schloss

Umrahmt von einem großen Park liegt das Fuldaer Schloss mitten in der Stadt. Hier haben fleißige Baumeister über mehrere Jahrhunderte Hand angelegt. Die ältesten Mauern stammen aus dem 14. Jahrhundert, fertig wurde das Schloss aber erst viel später. Genutzt wird es bis heute. Die Stadtverwaltung ist hier

Vielseitig genutzt und mitten in der Stadt: das Fuldaer Schloss

untergekommen und es muss herrlich sein, in so einer Umgebung zu arbeiten. Hier gibt es aber nicht nur Büros. Ein paar Räume sind für die Besuchenden so hergerichtet, wie sie im 18. Jahrhundert mal waren. Genauere Einblicke in das Leben damals bekomme ich von Louisa, die mich mit einer ansteckenden Begeisterung durch das Schloss führt. Als Schülerin, erzählt sie, fand sie Geschichte eher langweilig. Das Fuldaer Schloss hat ihre Einstellung dazu verändert, denn hier gibt es Geschichte zum Anfassen. Pompös ist gar kein Ausdruck für das, was ihr zu sehen bekommt: bunte Wandverkleidungen, kunstvolle Deckengemälde und viel, viel Gold. Damals wurde nicht gekleckert, sondern geklotzt. Wer sehr viel Geld besaß und diesen Reichtum auch zeigen wollte, richtete sich ein Spiegelkabinett ein. Auch im Fuldaer Schloss findet ihr eines und laut Louise hängen dort ganz genau 420 große und kleine Spiegel.

Der Transport dieser wertvollen Fracht war übrigens abenteuerlich. Die Spiegel wurden zum Schutz des Glases dick mit Butter eingestrichen, aufeinandergestapelt und dann an ihr jeweiliges Ziel gebracht.

Bis heute geblieben ist der Spruch: »Es ist alles in Butter.« Wieder was gelernt. Zurück in die Realität findet ihr am besten bei einem Spaziergang durch den Schlosspark. Wie mit Lineal und Zirkel angelegt liegt er da und hier tobt das Leben. Die Fuldaer kommen zum Laufen, Picknicken oder Musikmachen und Louisa hat hier sogar ihren Heiratsantrag bekommen. Nicht der schlechteste Platz dafür.

Stadtschloss Fulda
Schlossstr. 1 · 36037 Fulda
Informationen: Tourismus und Kongressmanagement Fulda
Bonifatiusplatz 1 · 36037 Fulda
Tel.: 0661-1021813 · E-Mail: tourismus@fulda.de

Vom Fuldaer Schloss ist es nicht weit zum nächsten Wahrzeichen der Stadt. Der Dom ist wie das Herz von Fulda und ein Barockbauwerk der etwas anderen Art.

Dom

Hier bekommt das Wort Ehrfurcht noch mal eine neue Bedeutung.

Um das Grab des heiligen Bonifatius herumgebaut, erhebt sich der Dom mitten in der Stadt. Hier bekommt das Wort Ehrfurcht noch mal eine neue Bedeutung. Diözesan-Baumeister Martin kennt hier jeden Winkel. Er ist verantwortlich für alles, was an Bauarbeiten erledigt werden muss, und er liebt seinen Job. Das Erste, worauf er mich aufmerksam macht, ist die Helligkeit. Von überallher scheint Licht in den Dom zu fallen und die weißen Wände sorgen dafür, dass die Atmosphäre freundlich und einladend ist. Das, sagt Martin, finden wir in anderen Kirchenbauwerken eher selten. So prächtig wie das Kirchenschiff unten ist, so funktional ist es ein Stockwerk darüber. Gemeinsam mit Martin erklimme ich die Türme, die noch aus dem Mittelalter stammen. Hier schlägt buchstäblich das Herz des Doms. Über verschiedene Zahnräder wird der Glockenschlag gesteuert. Ganz ohne Compu-

Der Dom birgt viele Geheimnisse

ter, sondern mechanisch und trotzdem auf die Minute pünktlich. Hier oben auf dem Dachboden finden sich auch die historischen Reste eines sogenannten »goldenen Rades«. Das muss ein engelsgleiches Instrument gewesen sein. Damals hing dieses Rad in der Decke des Doms und Hunderte Glöckchen waren an ihm befestigt. Versetzte man es in Schwingung, begannen die Glöckchen zu läuten. Das hätte ich gerne einmal gehört. Doch vor mehr als 100 Jahren stürzte das Rad ab und wurde nie mehr aufgehängt.

Dom zu Fulda
Domplatz 1 · 36037 Fulda
www.bistum-fulda.de

Wer Besonderes liebt, wird hier fündig.

Nicht weit entfernt, auf einer der Haupteinkaufsstraßen wartet die nächste Perle. Unser Tipp: Nehmt euch unbedingt Zeit, Geld und einen Einkaufsbeutel mit. Ihr werdet vermutlich alles brauchen.

Regio Point

Dass die Fuldaer heimatverbunden sind, habe ich schon festgestellt. Hier findet diese Heimatliebe noch einmal Platz in zahlreichen Regalen. Marco verkauft im »Regio Point« alles das, was im Umkreis von höchstens 80 Kilometern so hergestellt wird. Ich bin erstaunt, was es alles gibt: Das Angebot reicht von Lebensmitteln bis zu Klamotten und Schuhen. Einer der absoluten Renner und ein prima Mitbringsel ist die »Holy Mary«. Ein Kaffeelikör, der aus Flieden kommt. Marco erzählt, dass die Bohnen dort gebrannt werden und der Likör auf ein uraltes Rezept zurückgeht. Oma Maria hat ihn erfunden und deswegen trägt er bis heute ihren Namen. Ein Genuss. Er riecht wie ein Nachtisch und Marco empfiehlt, ihn in Kombination mit Vanilleeis zu verputzen. Aber auch aus dem Glas ist er köstlich. Ich glaube, die »Holy Mary« hat das Zeug dazu, Paare zu vereinen. Nicht so hart wie ein Schnaps und nicht so süß wie die meisten anderen Liköre, darauf könnten sich hier sicher alle einigen. Probiert es aus.

Heimatliebe »to go« gibt's im Regio Point

Marco berät euch aber nicht nur in Sachen Likör, sondern auch zu allen anderen Dingen, die hier verkauft werden. Der Laden ist sein Hobby und das betreibt er mit Leidenschaft. Eigentlich ist Marco Versicherungsvertreter und nur zufällig zu seinem Geschäft gekommen: Vor einigen Jahren suchte er in Fulda eine Eigentumswohnung und fand stattdessen das leere Ladenlokal. Das gefiel ihm so gut, dass er es nahm. Der Startschuss für den »Regio Point«. Ich wünsche euch viel Spaß beim Stöbern und wette, ihr staunt genauso wie ich darüber, was Fulda und die Regionen rundherum so alles zu bieten haben.

Regio Point
Löherstraße 8 · 36037 Fulda
Tel.: 0661-96595439 · E-Mail: info@regiopoint.de

Habt ihr euch schon gefragt, was eigentlich mit dem Wasser ist? Schließlich liegt Fulda direkt am Fluss. Also machen wir uns auf ans Wasser. Am Ufer gibt es nicht nur zahlreiche Gelegenheiten, Pause zu machen und zu picknicken. Auch Sport auf dem Wasser ist eine Option.

Nehmt lieber ein Handtuch mit.

Kanu Club Fulda

Wer eine Pause vom städtischen Trubel sucht, ist am Fluss genau richtig. Wer sich bewegen will, aber auch. Den Beweis treten Tim und Andi vom Kanu Club gerne an. Die beiden spielen Kanu-Polo, und wenn ihr davon bislang noch nie was gehört haben solltet – ich kannte es auch nicht. »Patschnass, aber unendlich viel Spaß!« lautet das Motto dabei. Wie treffend vor allem die Sache mit dem Patschnass ist, finde ich ziemlich schnell heraus.

Mit Schwimmweste, Helm und Gesichtsschutz steigen wir in unsere Kanus und schon nach wenigen Sekunden im Wasser merke ich, dass diese sportliche, schlanke Kanu-Variante ihre Eigenheiten hat.

Ins wackelige Kanu gehe ich lieber mit Schwimmweste

Es ist so wackelig, dass ich kentere und direkte Bekanntschaft mit der Fulda schließe. Zum Glück sind meine neuen Mannschaftskollegen direkt bei mir und helfen mir schnell wieder aufs Boot. Angeblich geht es vielen Unerfahrenen so, und solltet ihr es besser draufhaben und trocken bleiben, habt ihr meine absolute Hochachtung. Aber zurück zum Kanu-Polo. Ziel des Spiels ist es, einen Ball in ein zwei Meter über dem Wasser hängendes Tor zu bugsieren. Entweder mit dem Paddel oder mit einem gezielten Wurf. Bei den Profis geht es ganz schön zur Sache und vor allem: Es sieht total einfach aus. Neue Mitglieder sind immer willkommen. Ich persönlich geselle mich das nächste Mal lieber zu den Zuschauenden am Flussufer.

Kanu Club Fulda e.V.
Justus-Schneider-Weg 17
36039 Fulda · E-Mail: kcf-info1@kanu-club-fulda.de

Wir werden das Gefühl nicht los, dass die Verbindung der Menschen in Fulda zu ihrer Heimat besonders groß ist. Überall treffen wir hier auf

Menschen, die etwas bewegen und diese Heimat ein Stück besser machen wollen. Für die Menschen, die hier wohnen, genauso wie für die Tiere.

Jede Menge glückliche Vierbeiner trefft ihr im Heimattiergarten.

Heimattiergarten

Oberhalb der Fuldaauen im Stadtbezirk Westend findet ihr den Heimattiergarten. Der hat eine wirklich lange und ziemlich wechselhafte Geschichte. Entstanden ist er 1965 aus einem Geflügelzuchtverein. Vor einigen Jahren geriet er in die Schlagzeilen wegen Mängeln in der Tierhaltung. Vielleicht das Beste, was passieren konnte, denn nun verfolgt der Verein, der den Heimattiergarten betreibt, ein neues und schöneres Ziel: Hier entsteht ein Ort, wo Menschen und Tiere sich auf eine gute Art begegnen können. Wie das aussieht, davon erzählt mir Bianca. Sie ist Tierärztin und Sozialpädagogin und liebt die Tiere wie die Menschen. Mit diesem Projekt will sie hel-

Hand ausstrecken und warten, ob die Tiere Lust auf Kontakt haben

fen, für mehr Verständigung zu sorgen. Dafür bekommen Hühner, Tauben, Ziegen, Esel und die vielen anderen Tiere, die hier leben, erst einmal genügend Platz. In artgerechter Umgebung dürfen sie sich frei bewegen, auch wenn das bedeutet, dass wir sie erst mal nur von Weitem sehen. Auf Tuchfühlung geht es behutsam. Hier gibt es keine Futterboxen, mit denen sich die Besuchenden ausrüsten, um die Tiere anzulocken. Stattdessen geht es ohne in die Gehege und man wartet ab, ob sich die Tiere freiwillig nähern. Ich darf es auch probieren und lerne Eselin Lotte kennen. Die ist neugierig, und als ich meine Hand nur ruhig hinhalte, kommt sie von sich aus näher und beschnuppert mich. Eine schöne Begegnung und auch das Lob von Bianca geht runter wie Öl. Verständigung geglückt.

Tierärztin Bianca sorgt für bessere Verständigung zwischen Mensch und Tier

Heimattiergarten Fulda · Landwehrweg 1
36041 Fulda · www.heimattiergarten.de

Unser Fazit:

Was für eine Stadt! Was für eine Pracht! Ich verliebe mich immer wieder neu in diese Mischung aus Trubel, engen Gässchen und barockem Prunk. Das ist genau mein Ding. Wie sehr die Menschen hier ihr Fulda lieben, spürt man an jeder Ecke, und sie teilen es gerne mit euch.

HERBORN

Ganz im Westen von Hessen, im Lahn-Dill-Kreis, liegt Herborn. Rund 21.000 Menschen leben hier in dieser Stadt, über die viele sagen, sie sei eine Schatzkiste für Fachwerkliebhabende, mit netten Menschen und sehr besonderen Orten. Wir wollen diesen Schatz natürlich heben und uns selbst davon überzeugen, was Herborn so besonders macht.

Gans schön gesellig, finden wir.

Wochenmarkt

Wir starten auf dem Wochenmarkt in der Altstadt, denn das ist freitags angeblich »the Place to be« in Herborn, und kaum sind wir ein paar Schritte gelaufen, stehen wir schon vor der ersten Attraktion: Auf einem Marktstand, in-

Die Gans »Tante Frieda« wacht über den Wochenmarkt

mitten von zahlreichen braunen und weißen Eiern, wacht eine strahlend weiße Gans mit einem roten Halstuch über das Marktgeschehen. Das ist Tante Frieda, und die ist an Markttagen immer mit Frauchen Carola unterwegs. Gans schön gesellig, finden wir.

Wochenmarkt · Fr. 9 – 18 Uhr
Kornmarkt & Holzmarkt · 35745 Herborn
www.herborn.de/unsere-stadt/wochenmarkt/

Hinter den Fachwerkhäusern blitzt immer wieder das Herborner Schloss auf. Das dient mittlerweile als Tagungsort und Ausbildungsstätte für evangelische Pfarrer und Pfarrerinnen. Einer davon ist in Herborn bekannt wie ein bunter Hund, denn er ist nicht nur Pfarrer, sondern auch Stadtführer.

Ihr wollt Geschichten zum Weitererzählen – hier kriegt ihr sie!

Stadtführung Herborn

Wer Herborn wirklich kennenlernen will, ist bei Ronald Lommel genau richtig. Dieser Mann kennt jeden Winkel seiner Stadt und mindestens genauso viele Anekdoten. Ich treffe ihn am sogenannten »Speckturm« zusammen mit seiner Assistentin, Hündin Cora.

Unter Speckturm hatte ich mir natürlich etwas Leckeres versprochen, aber Ronald hat eine andere Geschichte für mich. Hier an dem steinernen Bogen mit dem kleinen Türmchen wurde Herborn früher jeden Abend abgeschlossen. Zwischen die Torbögen, wo damals noch ein Fluss durchführte, hängte man eine große Walze, aus der überall spitze Holzzacken ragten. Wer dieses Hindernis überwinden wollte, wurde erstens nass und zweitens unweigerlich gepiekt. Früher sagten die Leute, »das spickt«, und daraus entwickelte sich der Spick- beziehungsweise im hiesigen Dialekt der »Speckturm«. Überhaupt, der Dialekt. Da gibt es von Ronald für mich eine kleine Einweisung. Die Menschen hier nen-

Ronald bringt euch alles Wissenswerte über Herborn bei

nen ihre Heimat nicht Herborn, sondern Hörrwen mit kräftig gerolltem »R«, und wenn sie etwas wirklich hübsch finden, dann ist es nicht schön, sondern »schie«.

Besonders »schie« ist zum Beispiel auch die wahre Geschichte vom »Heinzche«, dessen Statue am Platz an der Lutherlinde steht. Das »Heinzche« war ein Kleinwüchsiger, der auf der Flucht vor den Nazis im Zweiten Weltkrieg nach Herborn kam und sich hier in den Kohlekellern vor seinen Häschern versteckte. Erfolgreich, denn er überlebte den Krieg und wurde auch danach von den Herbornern gut behandelt. Sie gaben ihm wo sie konnten kleine Arbeitsaufträge und sicherten so seinen Lebensunterhalt. Bis zu seinem Tod 1998 lebte er hier glücklich und ist der Stadt bis heute als Statue geblieben. Was für eine gute Geschichte, und es ist nur eine von vielen, die Ronald erzählen kann.

Stadtführungen · Stadtmarketing Herborn GmbH
Bahnhofsplatz 1 · 35745 Herborn · Tel.: 02772-708413
www.herborn-erleben.de/sehen-entdecken/stadtverfuehrungen/

Weiter geht es auf eigene Faust, denn wir haben einen Tipp bekommen, der uns zum Kornmarkt führt. Hier gibt es einen Laden, der etwas mehr zu bieten hat als andere.

Eine Quelle für alle Fälle.

Herborner Weltladen

Auf den ersten Blick ist der Weltladen ein völlig normales Geschäft. Es gibt Regale mit Kaffee, Schokolade oder Weinen, Dekoration und Kleidung. Alles fair gehandelt. Frank und Eva sind heute hier im Dienst, erzählen mir aber, dass dieser Laden von insgesamt 30 Leuten abwechselnd ehrenamtlich betrieben wird. Neben all den tollen Dingen, die es zu kaufen gibt, versteckt sich hier aber auch noch ein Relikt aus früheren Zeiten: ein Brunnen. Mitten im Laden ist er zu finden, sicher abgedeckt mit einer Plexiglasscheibe, damit niemand sich weh tut. Als Frank den Deckel lupft, schauen wir in ein metertiefes Loch, an dessen Grund sich sogar noch Wasser findet. Brunnen wie diese gab es früher in fast jedem Haus in der Altstadt, erzählen Frank und Eva. Bis ins Jahr 1732 dienten sie der Wasserversorgung, dann wurde der Marktplatzbrunnen gebaut und löste die privaten Hausbrunnen ab. Es geht sogar die Mär, dass in diesem Brunnen im Weltladen lange Zeit ein Goldfisch lebte, und es gibt Herborner, die schwören, ihn selbst gesehen zu haben.

Im Boden des Weltladens versteckt sich ein Brunnen

Herborner Weltladen
Schulhofstraße 2 (Kornmarkt)
Tel.: 02772-4765462 · www.herborner-weltladen.de

Weiter geht es durch die Altstadt, bis wir vor dem sogenannten Schatzhaus stehen, zu dem es eine tolle Geschichte gibt. Im Keller des Hauses fand der frischgebackene Besitzer 1984 einen Tontopf voller Gold- und Silbermünzen. Wahrscheinlich die Ersparnisse eines reichen Kaufmanns, der sie vor mehr als 300 Jahren in seinem Keller vergrub, um sie in Sicherheit zu bringen. Dieser Schatz ist verkauft worden, aber die geschnitzte Figur des »Dukatenschissers«, die außen am Haus hängt, zeigt genau, wo sich das alles abgespielt hat.

Uns zieht es jetzt aber raus aus der Altstadt und hinein ins Grüne, zu ein paar echten Exoten.

Hier ist die Welt zu Gast in Herborn.

Tierpark Herborn

In Herborn Uckersdorf trifft sich die ganze Welt. Tiere aller Erdteile finden hier im Hessischen ein gemütliches Zuhause. Britta, die Chefin des Tierparks, drückt mir direkt ein paar Nüsse in die Hand und nimmt mich mit zur Papageienwiese. Die ist kaum zu verfehlen, schon von Weitem leuchten die bunten Federn uns den Weg, und ich bin mal wieder erstaunt darüber, was die Natur für Knallfarben in Petto hat. Schön sind die großen Papageien und sie sind auch ganz schön stark. Die Walnüsse knacken sie mit ihren Schnäbeln, als wären sie aus Esspapier. Britta erklärt, dass diese Schnäbel auch fingerdicke Äste klein kriegen, und ich beschließe, mich in meinem Leben niemals mit einem Papagei anzulegen. Ein Stück weiter halten schon die Erdmännchen Ausschau nach uns. Ihr wisst, da hält immer einer Wache und passt auf den Rest der Truppe auf. Das ist bei den Erdmännchen übrigens ein Lehrberuf: Die Jungtiere üben das Wächtersein ausgiebig, bevor sie irgendwann von der Sippe in die Pflicht

Ein Herz für Schweine

genommen werden. In ihrer Heimat Afrika bietet dieser Sicherheitsdienst Schutz vor möglichen Fressfeinden. Hier im Herborner Tierpark lauern höchstens ein paar Erdmännchen-verrückte Besuchende auf sie.

Tierpark Herborn
Im Beilsbach 16 · 35745 Herborn-Uckersdorf
Tel.: 02772-42522 · www.tierpark-herborn.de

Nach unserer kleinen Weltreise durch den Tierpark geht es für uns weiter nach Herborn-Schönbach. Ob es hier einen guten Internetempfang gibt, wissen wir nicht. Aber wir können mit Sicherheit sagen, dass ihr hier nichts verpasst. Dafür sorgt die sogenannte Ortsrufanlage. Wann immer es etwas Wichtiges mitzuteilen gibt, macht sich Antje auf den Weg zur Feuerwehr, schmeißt die Technik an und los geht's. Aus mehreren Lautsprechern im Ort hört ihr erst Musik und dann die tagesaktuellen News aus Schönbach. So geht Social Media auf Herbornerisch. Nachdem wir uns hier auf den aktuellen Stand gebracht ha-

Eine Zeitreise in die Vergangenheit.

ben, machen wir uns auf Richtung Breitscheid, denn hier wartet nichts weniger als eine Sensation.

Schauhöhle Breitscheid

Besonders idyllisch ist die Gegend am Steinbruch in Breitscheid nicht. Hier wird noch aktiv Kalk abgebaut, deswegen finden wir oberirdisch eher eine Mondlandschaft. Das wirklich Schöne liegt hier unter der Erde, und das ist Deutschlands größte Schauhöhle. Anette und Ingo kennen hier jeden Tropfstein und nehmen mich mit in das riesige Labyrinth. Anfang der 90er wurde die Höhle hier gefunden. Beim Baggern im Steinbruch fiel einem Bauarbeiter ein Spalt auf, aus dem mitten im Winter warme Luft strömte. Ein untrügliches Zeichen dafür, dass sich dort eine Höhle verbirgt, und so ist es. Nach einigen Jahren Arbeit ist sie nun in Teilen für Besuchende zugänglich.

Hier wartet ein unterirdischer Schatz

Wir steigen hinab in die Tiefe, und als Ingo das Licht anmacht, eröffnet sich uns eine neue Welt. Alles funkelt und glitzert, die Tropfsteine bilden die verrücktesten Skulpturen und wir laufen staunend durch die bisher erschlossenen Räume. 12,8 Kilometer lang ist diese Höhle und auch wenn bei weitem noch nicht alles hier erforscht ist, gibt es viel zu sehen. Im »Bärengang« zum Beispiel liegen Bärenknochen und Schädel verteilt wie auf einem ungeordneten Friedhof. In der »Schatzkammer« glitzern Boden und Wände, als wären sie von Diamanten besetzt. Das sieht wunderschön aus, aber es gibt noch mehr Besonderheiten: ein Standesamt etwa, in dem Anette und Ingo geheiratet haben. Außerdem waren auch schon die NASA und einige US-Wissenschaftler da, weil die Höhle ihren Forschergeist geweckt hat. Jetzt seid ihr dran.

Schauhöhle Breitscheid · Gemeinde Breitscheid
Rathausstraße 14 · 35767 Breitscheid
Tel.: 02777-913321 · www.schauhoehle-breitscheid.de

Unser Fazit:
Wir haben uns auf die Suche nach Herborns Schätzen gemacht und hatten keine Mühe, sie zu finden. Hier gibt es Geschichten von Menschen, die Herz gezeigt haben, Schätze, die unerwartet auftauchen, und unterirdische Welten, die darauf warten, entdeckt zu werden. Herborn ist, um es mit einem Wort zu sagen, einfach »schie«!

MARBURG

Mittendrin, im Herzen Hessens, liegt Marburg. Eine Stadt, die viel zu bieten hat: Universitätsstadt und Heimat der Märchenerzähler, gelegen an der idyllischen Lahn und überstrahlt von einem prächtigen Schloss. Diese Stadt muss man nicht nur sehen, man muss sie erleben, heißt es. Von ganz unten bis ganz oben sind es ganze 109 Höhenmeter, die wir zu Fuß überwinden werden. Wir wollen herausfinden, ob Marburg mehr zu bieten hat als schöne Kulissen. Den Start in dieses Abenteuer machen wir mit einer kleinen Stärkung auf dem Wasser.

Sightseeing mit schwimmendem Frühstück.

Frühstück auf dem Boot

Ohne Frühstück kein Abenteuer, so viel steht schon mal fest. Bei Hans auf dem Boot gibt es beides, denn es dient nicht nur für gemütliche Rundfahrten, sondern auch als Frühstückscafé der Extraklasse. Hier warten weiß gedeckte Tische, auf denen sich Croissants, süße Stückchen, Lachshäppchen und andere Leckereien türmen. In großen Kübeln liegt bereits der Champagner auf Eis. Rund um dieses Schlaraffenland-Frühstück sitzen die Gäste und lassen es sich gut gehen. Auf Wunsch natürlich auch bei Kaffee, Bier, Saft oder was immer man bei Hans bestellt. Ich komme mit den anderen Gästen schnell ins Gespräch, und während wir uns durch das schwimmende Buffet schlemmen, lassen wir Marburg an uns vorbeigleiten. Wir sehen schicke Villen, unterqueren mehrere Brücken, werfen einen Blick auf das Schloss und kommen im Vorbeifahren mit anderen Wassersporttreibenden ins Gespräch. Ich finde, das ist der beste Start, den eine Sightseeing-Tour haben kann.

Bootsverleih/Ufercafé Gischler
Auf dem Wehr 1A · 35037 Marburg
Tel.: 06421-963629 · www.lahnschiff-elisabeth.de

Auf der Lahn gibt's ein schwimmendes Buffet

Wenn ihr vom Wasser nicht genug bekommen könnt, bleibt doch einfach noch ein bisschen auf der Lahn. Die eignet sich hervorragend für kleine und große Wasserwandertouren mit dem Kanu. Hier herrscht absolute Ruhe und wer Glück hat, sieht nicht nur ein paar dicke Fische, sondern auch Eisvögel, die es sich am Ufer gemütlich machen. Uns zieht es nun aber in die Altstadt, beziehungsweise die Oberstadt, wie sie hier genannt wird. Die ist auf den Schlossberg gebaut, und wie der Name schon vermuten lässt, geht es erst mal rauf. Für Faule oder Leute, die das alles schon kennen, gibt es extra Aufzüge, aber wer zum ersten Mal da ist, sollte die sportliche Herausforderung annehmen. Es gibt einfach viel zu entdecken. Über Kopfsteinpflaster geht es zwischen Geschäften, Kneipen und Wohnhäusern immer tiefer in den Stadtkern hinein, bis zu einem Turm, der sich so schief in den Himmel reckt, dass wir neugierig werden.

Lutherische Pfarrkirche St. Marien

Achtung Pisa, hier steht Konkurrenz!

Was ich zuerst für eine optische Täuschung gehalten habe, ist tatsächlich eines der Wahrzeichen Marburgs. Die Lutherische Pfarrkirche ist für ihren schiefen Turm berühmt und hier ist man stolz darauf. Natürlich ranken sich auch viele Geschichten um ihn. In der Lieblingslegende von Pfarrer Ulrich Biskamp heißt es, der Turm werde wieder gerade, wenn eine Medizinstudentin die Stadt als Jungfrau verlasse. Da

Der schiefe Turm von Marburg

hilft wohl nur beten. Aber ob schief oder nicht, rauf geht es so oder so, erst über Stufen, zum Schluss kraxeln wir über eine Leiter nach oben. Was tut man nicht alles für eine gute Aussicht. Die Mühe wird glücklicherweise belohnt, der Blick aus dem Turmfenster ist einzigartig. Ich schnappe kurz noch mal nach Luft, weil wir so verdammt hoch oben sind, aber dann entdecke ich die bunten Dächer der Stadt unter uns und das viele Grün drum herum und fange an, das Ganze zu genießen. Wenn er Zeit hat, lässt Pfarrer Biskamp übrigens gerne Gäste in den schiefen Turm, also fragt ihn einfach, wenn ihr da seid.

Lutherische Pfarrkirche
Lutherischer Kirchhof 1 · 35037 Marburg
Tel.: 06421-3400695 · www.pfarrkirche.ekmr.de

Nachdem wir uns in der hellen Kirche umgesehen und dem glockenklaren Klang der großen Orgel gelauscht haben, machen wir uns wieder auf den Weg, um das nächste Abenteuer zu suchen. Marburg war die Heimat einiger berühmter Menschen und auch die Brüder Grimm haben hier einige Zeit Station gemacht. Unter dem Dach eines windschiefen Fachwerkhauses in der Barfüßerstraße 35 haben sie gewohnt und man erzählt sich, dass es vor allem Jacob viel zu laut war hier. Trubelig ist die Gegend immer noch und ihr braucht nur ein paar Schritte zu gehen, um mittendrin zu sein.

Café Barfuß

Zu Studentenzeiten war einer meiner Lieblingsplätze das Café Barfuß. Hier habe ich nach Partys und vor dem nächsten Seminar vor allem die Speise- und Getränkekarte studiert. Seit mehr als 40 Jahren gibt es das Café Barfuß und es ist immer noch berühmt für seine Aufläufe. Aus sicherer Quelle kann ich euch sagen: zu Recht!

Café Barfuß
Barfüßer Straße 33 · 35037 Marburg
Tel.: 06421-25349 · www.barfussmarburg.de

Frisch gestärkt geht es weiter durch Hessens achtgrößte Stadt. Rund 74.000 Menschen leben hier und viele davon sind Studenten. Das hat natürlich mit der Philipps-Universität zu tun, die viele junge Leute nach Marburg lockt. Einige von ihnen gehen nie wieder weg.

Ein Blick hinter die Kulissen im Museum Anatomicum

Wichtigste Erkenntnis: keine Angst vor den Toten.

Seit mehr als 200 Jahren wird an der Philipps-Universität geforscht und besonders in den Naturwissenschaften haben sich hier einige Wissenschaftler besonders hervorgetan. Schaurig schön ist die Anatomische Sammlung, die für die Öffentlichkeit mittlerweile nicht mehr zugänglich ist, aber zu der

Begrüßungskomitee im Museum Anatomicum

es viele gute Geschichten gibt. Die quicklebendige Nina ist die Herrscherin in diesem Reich der Toten und sie erzählt mir von Christian Heinrich Bünger, der 1812 als Professor an die Marburger Uni kam und erforschen wollte, wie menschliche Körper funktionieren. Um das alles besser zu verstehen, fing er an, Tote zu untersuchen und zu präparieren. Die meisten von ihnen, sagt Nina, waren Straftäter, Selbstmörder oder mittellose Menschen, deren Familien sich eine Beerdigung nicht leisten konnten. Sie haben hier eine andere Form der Ewigkeit bekommen. Während seiner Zeit in Marburg verliebte sich Bünger übrigens so sehr in die Stadt, dass er für immer bleiben wollte. Nun ist sein Schädel genauso präpariert wie die Arme, Beine, Rümpfe und Köpfe der anderen »Ausstellungsstücke«. Ein bisschen gruselig finde ich das alles schon, ganz im Gegensatz zu Nina, die mir zum Abschied eine kleine Weisheit mit auf den Weg gibt: »Vor Toten braucht man keine Angst zu haben, das sollte man eher vor den Lebenden.«

Einfach zauberhaft!

(Mehr) Einblicke in die Uni- und Studentenwelt gibt es in der sogenannten »Alten Universität«. Die war früher mal ein Dominikanerkloster und sieht für uns heute aus wie ein hessischer Ableger von »Hogwarts«, der Schule von Harry Potter. Einfach zauberhaft!

Alte Universität

Dunkle Steine, hohe Fenster, kleine Türmchen. Auf den ersten Blick wirkt die Alte Universität mächtig und ein kleines bisschen düster. Aber nur, bis Karsten kommt, mit dem Schlüsselbund wackelt und mich hineinbegleitet. Eigentlich arbeitet er im Uni Archiv, aber er hat Zugang zu allen wichtigen Räumen, und zwei davon will er mir unbedingt zeigen. Zuerst laufen wir in die Aula und jetzt bin ich vollends davon überzeugt, doch in einem Harry Potter Film gelandet zu sein. Dunkle Holzbänke, lange Tische und prächtige Wandmalereien gibt es hier zu sehen, und wenn es dunkel wird, tauchen riesige Leuchter wahrscheinlich alles in warmes Licht. Der perfekte Ort für Veranstaltungen, und dafür wird die Aula bis heute regelmäßig genutzt. Weitaus weniger glamourös, aber hoch frequentiert war der zweite Raum, den Karsten mir zeigt. Der sogenannte Karzer, ein Arrestlokal oder einfach gesagt, der Studentenknast. Hier mussten die rein, die etwas ausgefressen hatten, und viele davon haben sich während ihres Aufenthalts an den Wänden des Karzers verewigt. »6 Tage wegen wiederholten Ungehorsams gegen den Direktor«, steht hier zum Beispiel geschrieben. Daneben finden sich zahlreiche Namen oder kleine Bilder von den jeweiligen Vergehen. Eines zeigt ein paar Studenten, die offenbar im Nachthemd durch das nächtliche Marburg gezogen sind. Ich finde es witzig, früher nannte man so etwas groben Unfug. Aber ein klitzekleines bisschen,

Wer etwas ausgefressen hatte, kam in den Karzer

schmunzelt Karsten, war es auch eine Ehre, für so etwas im Karzer gewesen zu sein.

Alte Universität · Lahntor 3 · 35037 Marburg
Tel.: 06421-2820 · https://www.uni-marburg.de/de/universitaet/service/angebote/tagen/raumbuchung/alte-aula

Historische Gemäuer gibt es in Marburg viele. Das berühmteste ist natürlich das Schloss hoch oben auf dem Berg. Wer den Weg auf sich nimmt, wird mit tollen Aussichten belohnt: nach unten auf die Stadt oder auch nach unten in den 100 Meter tiefen Brunnenschacht. Der Brunnen wurde vor langer Zeit gebaut, um der Wasserknappheit bei Belagerungen vorzubeugen. Heute holen Besuchende kein Wasser mehr von unten herauf, sondern dürfen von oben Wasser hineinschütten. Lauscht mal, wie lange das fällt, obwohl es immer noch deutlich schneller ist als wir zu Fuß. Nachdem wir nun so viel gelaufen sind, wird es höchste Zeit, dass wir zum Abschluss noch eine Runde fahren.

Blaulicht an, los geht's!

Polizeioldtimer Museum

Wo das Auge hinschaut, sehe ich Grün. Das fängt an bei Eberhard, der mich in seiner alten Polizeiuniform begrüßt, und es geht weiter mit dem Fuhrpark, der ausschließlich aus alten Polizeiwagen besteht. Was für eine Vielfalt. Ich staune über einen Mercedes Lkw von 1952, der in seinem Inneren eine mobile Fernmelde-Leitstelle inklusive Büro verbirgt. Bis 1996 war das Schätzchen im Dienst und hat viele große Einsätze erlebt, erzählt Eberhard. Klein, aber oho ist dagegen die Knutschkugel nebendran. Eine Polizei-Isetta, wo gerade mal ein Kollege samt Schreibmaschine hineinpasste. Ideal bei schlechtem Wetter, sagt Eberhard, der viele Jahre selbst auf Streife war. Seine Leidenschaft für Polizeiwagen rührt daher, und zu jedem Vehikel, das hier steht, kann er eine Geschichte erzählen. Von der Mercedes S-Klasse mit den extra dicken Scheiben, die als

Polizeigeschichte zum Reinsetzen und Losfahren

Dienstfahrzeug für unseren ehemaligen Bundespräsidenten Johannes Rau im Einsatz war, bis zum ersten Polizeifahrzeug, einem Opel Rekord von 1958. Der sieht übrigens exakt so aus wie die Autos, die ich als Kind gemalt habe. Nur in Grün und fahrtüchtig.

Polizeioldtimer Museum
Cyriaxstraße 103 · 35037 Marburg
Tel.: 06421-4060 · www.polizeioldtimer.de

Unser Fazit:

Hat Marburg mehr zu bieten als nur schöne Fassaden? Oh ja, es hat. Diese Stadt müsst ihr erleben, und zwar am besten zu Fuß. Das ist zwar anstrengend, aber es empfiehlt sich, weil ihr so viel mehr seht. Hier lohnt sich der zweite Blick, und wann immer ihr Lust auf eine Pause habt, seid ihr in einer der zahlreichen Kneipen Marburgs genau richtig.

ALSFELD

»Uns muss man erleben!« So geht der Slogan von Alsfeld. Mitten im Vogelsberg an der deutschen Märchenstraße liegt es und gilt als eine der schönsten Kleinstädte Deutschlands. Viele Fachwerkhäuser prägen das Stadtbild von Alsfeld und mittendrin steht als hessisches Wahrzeichen das imposante Rathaus mit seinen steinernen Bögen und mehreren kleinen Türmchen. Schön haben es die rund 16.000 Menschen hier schon, aber wir fragen uns natürlich, was man denn nun wirklich erleben muss, wenn man herkommt?

Dem wollen wir auf den Grund gehen und starten an einem buchstäblich märchenhaften Ort.

Hier werden Märchen lebendig.

Märchenhaus

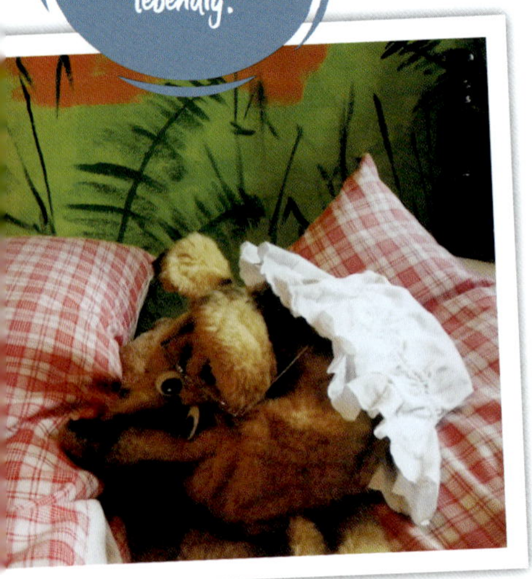

Der böse Wolf wartet aufs Rotkäppchen

Märchen sind in Alsfeld allgegenwärtig. Wenn ihr durch die Stadt bummelt, passiert es schon mal, dass ihr das Rotkäppchen trefft, einer Hexe begegnet oder einer Schar mittelalterlich gekleideter Leute über den Weg lauft. Der Hauptwohnsitz all dieser Figuren ist das Alsfelder Märchenhaus. Vor der Tür wartet schon der Froschkönig auf mich, dann kommt Johanna und zeigt mir, was es alles zu sehen gibt. Jeder Raum im Märchenhaus ist einer anderen Geschichte gewidmet und passend dazu eingerichtet. Auch das Schlafzimmer von Rotkäppchens Großmutter gibt es, mit einem kleinen Tisch, einem großen Bett und natürlich allen Figuren aus dem Märchen. Die Idee zu Rotkäppchen, erzählt Johanna, ist den Gebrüdern Grimm übrigens genau hier in Alsfeld gekommen. Bei einem Bummel durch die Stadt sollen sie die Frauen aus der Gegend in ihrer typischen Schwelmer Tracht gesehen haben. Viele weite Röcke und Käppchen auf den Köpfen, eine echte Inspiration. Im Märchenhaus werden die Geschichten der Grimms lebendig und ihr könnt hier nicht nur durch die Räume streunen, sondern regelmäßig auch kleine Märchenaufführungen sehen. Jede Wette, dass es da einige Zeilen gibt, die ihr bis heute mitsprechen könnt?!

Märchenhaus Alsfeld
Sackgasse 2 · 36304 Alsfeld
Tel.: 06631-182165 · www.märchenhaus.com

Vom Märchenhaus ist es nicht weit zum Markt in der Altstadt. Hier ist einiges los und mitten im Gewusel lassen sich einige mittelalterliche Relikte finden.

Wie lebte man damals in Alsfeld? Darüber wollen wir mehr erfahren.

Mittelalterliche Stadtführung

Vor einem mannshohen Holzkäfig treffe ich, in mittelalterliche Tracht gekleidet, Vicky. Sie ist Stadtführerin in Alsfeld und nimmt mich heute mit auf ihre Tour. Der Käfig ist die erste Station, und bevor ich sie fragen kann, wohin es überall geht, hat sie mich schon hineingesteckt, die Tür zugemacht und gibt der Konstruktion einen kräftigen Schubs. Wer im Mittelalter etwas ausgefressen hatte, wurde in genau so einen Käfig hineingesteckt und für alle sichtbar zur Schau gestellt. Wer Lust hatte, konnte den Käfig beliebig oft drehen und sich einen Spaß daraus machen, wie dem Übeltäter drinnen ordentlich schlecht wurde. Das geht, weiß ich jetzt aus Erfahrung, recht schnell. Nicht weit vom Käfig gibt es auch noch einen Pranger. Wie ein Hundehalsband an einer kurzen

Vicky macht das Mittelalter wieder lebendig

Eisenkette ragt er aus den mittelalterlichen Mauern und auch hier lässt Vicky mich zur Probe mal hineinschlüpfen. Mit dem Eisenring um den Hals stand man früher bis zu drei Tage herum, wurde beschimpft, bespuckt und mit Essensresten beworfen. Kein schöner Zustand. Hoffnung gab es höchstens für die, die von einem Alsfelder ausgelöst wurden. Einen Gulden in die Stadtkasse, einen Kuss auf die Wange des Straffälligen und der Übeltäter durfte gehen. Allerdings nicht nach Hause, sondern mit zum jeweiligen Retter, um dort für einen Tag als Sklave zu dienen. Spätestens jetzt wird mir klar, dass das Mittelalter nichts für Weicheier war.

Stadtführungen Alsfeld
Markt 1 · 36304 Alsfeld
Tel.: 06631-1820 · https://www.alsfeld.de/tourismus/fuehrung/stadtfuehrer-in-im-historischen-gewand/

Das war ganz schön viel frische Luft und davon kriegen wir jetzt noch mehr. Raus aus der Altstadt geht es, in den Ortsteil Lingelbach.

Vogelsberglamas

Hier wartet ein besonderer Spaziergang mit einer besonderen Begleitung.

Nach der Stadt mit all dem Trubel erwartet uns in Lingelbach herrliche Ruhe. Hier steht der Hof von Silke und auf dem lebt und arbeitet sie mit ganz vielen Tieren. Hinter dem Stall auf einer ihrer großen Wiesen stellt sie mir ein paar von ihnen vor. Neben einigen Eseln grasen hier wuschelige Alpakas mit Sturmfrisur und großen Kulleraugen und die etwas größer geratenen Lamas. Mit denen ist Silke regelmäßig unterwegs. Zum einen kann man sich die Tiere ans Halfter nehmen und mit ihnen durch den Vogelsberg spazieren. Zum anderen nutzt Silke ihre Tiere für die Arbeit mit Jugendlichen, die von der Jugendhilfe zu ihr geschickt werden. Die lernen hier, sich mit Ruhe und Besonnenheit um jemanden zu kümmern, tanken Selbstbewusstsein und frische Luft. Klingt nach einer guten Idee. Mir gibt Silke den braunen Alpaka-Buben Finn an die Hand, und nachdem wir uns kurz beschnuppert haben,

Mit Wuschelfrisur und Kulleraugen erobern die Alpakas mein Herz

laufen wir gemütlich los. Silke erzählt mir, wie sie über ein eigensinniges Pferd zu ihren ersten Lamas gekommen ist. Das mochte nämlich keine anderen Pferde, und weil es trotzdem nicht alleine bleiben sollte, riet ihr ein Reiterfreund, es mal mit einem Lama als Beistelltier zu versuchen. Silke kaufte zwei, die Sache ging gut und der Grundstein für die »Vogelsberglamas« war gelegt. Während wir plaudern, folgt mir der kleine Zottel Finn vertrauensvoll über wackelige Brücken und knietiefe Pfützen, und mit jedem Schritt entspanne ich mich ein bisschen mehr.

Silke Philipp-Odermatt
Grebenauer Str. 5 · 36304 Alsfeld-Lingelbach
www.vogelsberglamas.de

Zu unserer nächsten Verabredung müssten wir eigentlich reiten, denn es geht nach »Lingelcreek«, zur Wild-West-Außenstelle von Alsfeld.

Hier warten wilde Kerle, raue Sitten und klirrende Sporen.

Lingelcreek

Mitten im Vogelsberg hinter einem großen Holztor beginnt der Wilde Westen. »Lingelcreek« ist die hessische Version davon, und schon nach ein paar Schritten die staubige Hauptstraße hinunter fühle ich mich, als wäre ich in die Kulisse von »High Noon« hineingeraten. Alles ist hier selbst gebaut vom Verein »Westernstadt Lingelcreek«, und der hat wirklich nichts ausgelassen: Neben zahlreichen rustikalen Holzhütten gibt es einen Wasserspeicher, eine kleine Mine, ein Gefängnis und selbstverständlich einen Saloon. Damit ich hier nicht unangenehm auffalle, rüstet Stefan mich mit Cowboyhut, Pistolengürtel und Halstuch aus, dann lädt er mich auf einen Drink ein. »Spiel mir das Lied vom Tod« kommt mir in den Sinn, als ich unter den großen Deckenventilatoren grimmig aussehen-

Mitten in Hessen beginnt der Wilde Westen

de Cowboys entdecke, aber glücklicherweise stellt sich schnell heraus, dass Fremde wie ich hier willkommen sind. Stefan erzählt mir, dass die Idee zu diesem fulminanten Ort eigentlich von einer Hand voll Alsfelderinnen stammt. Die belegten vor einigen Jahren einen Squaredance-Kurs und wollten ihre neue Leidenschaft bei einer Westernparty feiern. Die Männer bekamen den Auftrag, die passende Partylocation zu finden, und fingen an zu bauen. Der Rest ist Geschichte. Mittlerweile hat der Verein »Westernstadt Lingelcreek« 102 Mitglieder und feiert regelmäßig große Feste, und zwar für Freunde und Fremde. Auch Hochzeiten gibt es hier, denn in der kleinen Kirche von »Lingelcreek« könnt ihr sogar standesamtlich heiraten.

Westernstadt Lingelcreek
Hembergstraße 1 · 36304 Alsfeld
Tel.: 06639-428 · www.lingelcreek.de

Nach dem Wilden Westen geht es für uns zurück in die Zivilisation, rein nach Alsfeld. Mehr als 400 Fachwerkhäuser gibt es hier und hinter manchen Mauern verbergen sich spannende Geschichten. Die von der alten Bananenreiferei ist auch so eine. Im Garten von Andreas liegt sie, tief verborgen in unterirdischen Katakomben. In den 50er und 60er Jahren erzeugten die Alsfelder dort mit Wasser und Heizung ein feuchtwarmes Klima, in dem die exotischen grünen Bananenstauden in Ruhe reifen konnten. Eine echte Bananen-Beauty-Behandlung, nach der die Früchte goldgelb in die Läden kamen. Bei besonderen Anlässen lässt Andreas immer mal wieder Besuchende hinein in diese ehemalige Schatzkammer und wir freuen uns über Angeberwissen fürs nächste Kneipenquiz.

Wilder Westen, exotische Früchte – was kommt als Nächstes?

Stadtbäckerei Rahn

Abenteuer machen hungrig und deswegen widmen wir uns jetzt einer typischen Spezialität aus Alsfeld, dem Salzekuchen. Den besten, haben mir viele Alsfelder gesagt, gibt es bei Udo in der Stadtbäckerei Rahn. Aus Kartoffeln, Schmand, Zwiebeln, Speck und Gewürzen wird er gemacht und Udo nimmt mich direkt mit in seine blitzblanke Backstube und zeigt mir, wie es geht. Schnell gemacht ist er, aber natürlich kommt es auf die Feinheiten an. Udo hat das Rezept für seinen Salzekuchen vom Papa bekommen. Probieren darf ich auch und finde, es ist der perfekte Pausen-Snack. Herzhaft, deftig und sehr, sehr lecker.

Stadtbäckerei Rahn
Mainzer Tor 6 · 36304 Alsfeld
Tel.: 06631-2342 · www.stadtbaeckerei-rahn.de

Frisch gestärkt geht es zur nächsten Sehenswürdigkeit, und das ist eine ehemalige Industriellenvilla. Heute beherbergt der weiße Prachtbau ein Restaurant, ein Hotel und mehrere kreative Köpfe.

Zur Stärkung gibt's Salzekuchen

Hotel Villa Raab

Zeit für eine stilvolle Rast und ein leckeres Bier.

Beim Anblick der schicken Villa Raab bleibt mir erst mal die Spucke weg. Mit ihren Türmchen, der großen Dachterrasse, den schmiedeeisernen Balkonen und dem breiten Treppenaufgang gleicht sie eher einem Schloss als einem Wohnhaus. Pure Absicht, denn der Fabrikant Ludwig Raab musste sich Anfang des 20. Jahrhunderts etwas einfallen lassen, um seiner Frau die Gegend schmackhaft zu machen. Er wollte hier seine Pfeifenfabrik betreiben, sie wollte eigentlich in eine mondänere Stadt umziehen. Also baute er ihr diese herrliche Villa als Kompromiss. Nachdem sie lange leer stand, kümmern sich nun Andreas und Niko darum. Die beiden haben alles, was früher war, nach historischem Vorbild wiederaufgebaut. Jetzt gibt es schicke Zimmer, ein gemütliches Restaurant und die Möglichkeit für jeden, hier mal hineinzuschauen. Es lohnt sich. Zum einen, weil es ein so schöner Ort ist, zum anderen, weil Niko sich auch beim Bierbrauen austobt und regelmäßig spannende eigene Kreationen auf die Theke

In der mondänen Villa Raab toben sich kreative Gastronomen aus

bringt. Ich versuche den Apfelwein-Bier-Hybrid, der in meinem Mund für einigen Wirbel sorgt, und genieße hinterher ein Bierchen aus dem Sahne-Siphon. Probiert am besten selber aus, was euch schmeckt, und falls es länger dauert, braucht ihr nur ein paar Schritte zu laufen und habt auch noch einen gemütlichen Schlafplatz.

Hotel Villa Raab
Altenburger Straße 60 · 36304 Alsfeld
Tel.: 06631-911470 · www.villa-raab.de

Mit alldem, was wir schon gesehen haben, könnten wir einige Tage in Alsfeld füllen, und auch bei unserer nächsten Station gehen gut und gerne ein paar Stunden drauf.

Auf uns wartet ein idealer Ort für Entdecker und Shopaholics.

Carl Ramspeck

In vielen Städten finden sich mittlerweile die gleichen großen Ladenketten. In Alsfeld gibt es noch einige Originale und eines davon trägt über der Tür den Namenszug »Carl Ramspeck«. Dieses Geschäft ist eine Institution. Alles soll es hier geben, habe ich gehört, und ich glaube es sofort. Ursprünglich war das Ramspeck mal ein Eisenwarenladen, aber der Familienbetrieb erweiterte nach und nach das Sortiment um Küchensachen, Haushaltswaren und Geschenke. Die finde ich im Ladenlokal, im Hinterhof und im Keller des Hauses. Die Gründerfamilie hat das Haus 2020 an würdige Nachfolger weitergegeben, die dafür sorgen, dass das Aushängeschild der Stadt bestehen bleibt. Ich verspreche euch, wer gerne stöbert, kann hier nicht nur ein Stündchen, sondern ein ganzes Wochenende verbringen.

Hier gibt es wirklich alles!

Carl Ramspeck
Am Markt 10 · 36304 Alsfeld · Tel.: 06631-2025

Unser Fazit:

»Uns muss man erleben«, sagen die Alsfelder und sie haben vollkommen Recht. Diese kleine Stadt hat Großes zu bieten. Eine historische Altstadt, einzigartige Geschäfte, märchenhafte Orte und echte Wild West Abenteuer warten hier auf euch und vor allem: viele zupackende Menschen, die Altes bewahren und es mit neuem Leben füllen.

BAD HERSFELD

Ein Ort, in dem sich regelmäßig große Dramen abspielen, wo laut gefeiert wird und heilende Quellen sprudeln, das klingt doch interessant. All das gibt es im Nordosten von Hessen, in der Kur- und Festspielstadt Bad Hersfeld. Berühmt ist sie für die Stiftsruine, die jeden Sommer in ein großes Theater verwandelt wird, und natürlich für das Lullusfest, das für viele das Highlight der Partysaison ist. Wie es sich lebt zwischen historischen Mauern, lebendiger Kultur und Feierlaune? Finden wir es heraus. Den Anfang machen wir natürlich da, wo auch für Bad Hersfeld alles begann.

Bei der sagenhaften Stiftsruine.

Stiftsruine

Umgeben von einer Bruchsteinmauer, inmitten eines grünen Parks liegt der Ursprung von Bad Hersfeld, die Stiftsruine. Wo sie heute steht, gründete Lullus im Jahr 769 ein Kloster, das allerdings knapp 70 Jahre später in Flammen aufging. 1038 wurde es neu gebaut, und zwar so groß und prächtig, wie es damals nur ging. Bis heute gilt die Stiftsruine als das größte romanische Kloster der Welt, und obwohl es im 18. Jahrhundert erneut niederbrannte und nur noch die Reste stehen, ist es immer noch imposant. In dieser Kulisse, zwischen den hohen Mauern, die so viel

Die Stiftsruine ist im Winter ruhig, im Sommer Festspielort

überstanden haben, treffe ich den Mann, der hier jeden Sommer für Leben sorgt. Jörn ist der Intendant der Bad Hersfelder Festspiele und seine Aufgabe ist es, Saison für Saison ein abwechslungsreiches Theaterprogramm auf die Beine zu stellen. Dann wird umgebaut, die Krypta überdacht als Backstage-Bereich für die Schauspielerinnen und Schauspieler und das große Kirchenschiff bestuhlt. Von Ende Juni bis Anfang September herrscht Theatertrubel in der Ruine, danach kehrt wieder Ruhe ein. Schön ist beides und ich hoffe, dass es noch sehr lange so weitergeht. »Toi Toi Toi«, sagen Theaterleute, und weil darauf »Danke« zu sagen Unglück bringt, erklärt mir Jörn, ist die einzig richtige Antwort: »Wird schon schiefgehen.«

Stiftsruine
Im Stift 6 · 36251 Bad Hersfeld
www.bad-hersfelder-festspiele.de

Wir laufen von hier aus rein in die Stadt, in der rund 30.000 Menschen zu Hause sind. Gemütlich scheint es hier zu sein, und das lädt uns direkt mal ein zu einer kleinen Pause, bei der es sogar noch etwas zu sehen gibt.

Wer Kuchen mag, isst hier genau richtig.

Café Landlust

Bei einer großen Vitrine voll mit appetitlichen Kuchen kann ich nicht widerstehen, da muss ich rein. Sabine, die Chefin vom »Café Landlust«, begrüßt mich mit einem breiten Lächeln und zeigt mir ihre gebackenen Schätze. Einige der Kuchen und Torten macht sie selbst, der Rest kommt von einer Bäckerei aus der Region. Lecker sehen alle aus, aber ich folge Sabines Rat und nehme die »Hansen Jensen«, eine Stachelbeer-Mandarinen-Torte, und während Sabine mir ein großes Stück davon auf den Teller hievt, erklärt sie mir das Konzept ihres Cafés. Zwischen den Tischen und an den Wänden stehen helle Regale, die gefüllt sind mit Likören, Seifen, Vasen und ganz

Bei Sabine gibt es fantastische Torten und jede Menge Geschenke

viel Dekoration. Fast alles ist zu verkaufen, denn das hier ist auch ein Geschenkeladen. Eine Kontaktbörse ist es im Übrigen auch, denn die langen Tische sind dafür gedacht, dass man miteinander ins Gespräch kommt. Hier ist es üblich, dass die Gäste zusammenrutschen, wenn jemand kommt. Ein idealer Ort also auch für Leute, die Bad Hersfeld alleine erkunden. Langweilig wird es hier nie.

Café Landlust
Johannesstraße 13 · 36251 Bad Hersfeld
Tel.: 06621-4379137 · www.landlust-hersfeld.de

Bad Hersfeld gehört zu den Städten, in denen es viele gepflegte alte Häuser gibt. Auf dem Kirchplatz bekommt ihr einen guten Eindruck davon. Auf der einen Seite stehen die schicken Stadthäuser des mittelalterlichen Adels, auf der anderen Seite liebevoll restaurierte Fachwerkhäuser wie das Küsterhaus. 1452 wurde es gebaut und ist das älteste Fachwerkhaus der Stadt. Direkt nebendran steht ein anderes Wahrzeichen, das wir uns etwas näher anschauen.

Kopf in den Nacken und immer dem Turm hinterher.

Stadtkirche

Die Stadtkirche von Bad Hersfeld könnt ihr eigentlich gar nicht übersehen, denn sie hat einen auffälligen Turm, und der überragt mit seinen 55 Metern so ziemlich alles. Frank hat mich hierher eingeladen, denn die Kirche ist sein zweites Zuhause. Er ist Pfarrer und hat seinen Traumarbeitsplatz gefunden. Bei einem Rundgang durch das helle Kirchenschiff erzählt er mir, dass er die Stadtkirche schon immer toll fand. Das liegt unter anderem an ihren besonderen Fenstern. Sie sind riesengroß und kunterbunt und wer genau hinsieht, der entdeckt, dass hier alle großen Kirchenfeste in farbenprächtigen Bildergeschichten festgehalten sind. Ostern, Pfingsten und Weihnachten werden so dargestellt, dass auch die es verstehen, die nicht lesen können. Das ist ziemlich genial und sieht außerdem wunderschön aus. Aber das müsst ihr euch selbst anschauen. Genau wie den Turm nebenan. Wie ein Leuchtturm ragt er über die Stadt und ich darf alle Stufen bis zur Spitze hochsteigen. Zweimal im Monat ist das für Besuchende möglich, und das ist nicht nur gutes Fitness-Training, es lohnt sich auch wegen der Ein- und

Wer nicht lesen konnte, bekam die Bibel mit Bildern erzählt

Ausblicke. Oben im Turm findet sich neben den großen Glocken auch noch eine kleine Wohnung. Hier waren die Türmer untergebracht, was praktisch war, weil sie sowieso alle 15 Minuten raus auf den Balkon mussten. Der bietet einen tollen Überblick über die ganze Gegend. Die Türmer hielten die Bad Hersfelder von hier aus auf dem Laufenden: über drohendes Unheil, große Feste oder die Uhrzeit. Die mittelalterliche Version einer Warn-App, könnte man sagen.

Stadtkirche
Kirchplatz 2a · 36251 Bad Hersfeld
www.evangelisch-im-zentrum-hersfeld.de

Ihr habt es gemerkt, in der Geschichte Bad Hersfelds spielt die Kirche eine große Rolle. Es gibt aber auch noch zwei Männer, die ebenfalls dafür gesorgt haben, dass Bad Hersfeld im Gedächtnis bleibt. Konrad Duden, der Rechtschreibgott, unterrichtete früher am örtlichen Gymnasium und schrieb hier auch seinen Bestseller, den Duden. Sein Vornamensvetter Konrad Zuse legte als Computerpionier den Grundstein für die Digitalisierung. Ein Erbe, auf das die Bad Hersfelder natürlich stolz sind, und deswegen gibt es einen eigenen Platz dafür.

Hier könnt ihr den ganzen Tag verbringen.

»Wortreich«

Die besten Museen sind die, bei denen wir selber etwas tun können, und das »Wortreich« ist ein Paradebeispiel dafür. Mehr als 90 Mitmach-Stationen gibt es in diesem besonderen Museum, das sich mit Sprache und Kommunikation beschäftigt. Andrea zeigt mir ihren Arbeitsplatz, der eher wie ein großer Spielplatz wirkt. Beim Mind-Ball zum Beispiel geht es darum, einen Ball nur mit Kraft der eigenen Gedanken in Bewegung zu bringen. Kannte ich nur aus Filmen, aber es geht tatsächlich. Dafür legen wir uns Stirnbänder um, die mit Hilfe von Elektroden unsere Gehirnströ-

Mehr als 90 Mitmach-Stationen gibt's im Wortreich

me messen. Wir nehmen gegenüber Platz an einem großen Tisch und nun konzentriere ich mich ganz fest darauf, den kleinen Ball vor mir zu Andrea auf die andere Seite zu rollen. Kurz bete ich noch dafür, dass in meinem Gehirn irgendwas passieren möge, und dann setzt sich wie durch ein Wunder der Ball in Bewegung. Es ist verrückt und es macht verdammt viel Spaß! Was mit Hilfe moderner Technik geht, ist schon irre, und der Grundstein für alles war der erste Computer der Welt. Auch der steht hier, ein Riesending mit vielen Kabeln und Knöpfen, gebaut von Konrad Zuse, dem Papa der Computertechnik. In diesem Museum könnte ich Stunden verbringen und ich wette, ihr auch. Die Tickets sind übrigens den ganzen Tag gültig, so dass Besuchende zwischendurch auch mal rausgehen und später wiederkommen können.

Wortreich
Benno-Schilde-Platz 1 · 356251 Bad Hersfeld
Tel.: 06621-794890 · www.wortreich-badhersfeld.de

Geschichte lebendig machen, das können die Bad Hersfelder wirklich gut. Wer zwischendurch mal eine Pause braucht, schnauft im Kurpark eine Runde durch. So groß wie neun Fußballfelder ist er und ein toller Ort zum Entspannen und Krafttanken, und weil frische Luft immer hungrig macht, geht es für uns weiter zu einem echten Genusstempel.

Der beste Ort für launige Abende mit Freunden.

Stern*s Kochwerkstatt

Wenn es um gutes Essen geht, bin ich sofort dabei. In »Stern*s Kochwerkstatt« gibt es nicht nur lecker was auf die Gabel, sondern ihr stellt euer Lieblingsmenü unter der Anleitung von Topköchen selber her. Ich werde von Patrick begrüßt, der in voller Kochmontur auf mich wartet und die erste Pfanne schon auf dem Herd hat. Ein Testessen für seine nächste Gruppe, erklärt er. Bis zu 50 Leute können hier mit einem Profi zusammen ein eigenes Menü kreieren. Getränke, Geplauder und wertvolle Küchentipps gibt es dazu

Hier müsst ihr euch euer Sternemenü selbst erarbeiten

und hinterher wird zusammen am großen Tisch geschlemmt. Selbst gekocht schmeckt das alles garantiert noch besser als im Restaurant.

Stern*s Kochwerkstatt · Hotel zum Stern
Lingplatz 11 · 36251 Bad Hersfeld
Tel.: 06621-1890 · www.sterns-kochwerkstatt.de

Unser Fazit:

Bad Hersfeld steckt voller Geschichten und die werden hier immer wieder neu erzählt. Hier werden jahrhundertealte Gemäuer mit Liebe und Leben gefüllt, kluge Köpfe für ihre Ideen verehrt und Fremde wie wir gerne aufgenommen. Bad Hersfeld, das sind gelassene Menschen, die sehr laut feiern können und immer Zeit für einen kleinen Plausch finden.

Bad Hersfeld steckt voller Geschichten

BAD WILDUNGEN

Im Norden von Hessen, an den Ausläufern des Kellerwaldes, umrahmt von Wald und sanften Hügeln, liegt Bad Wildungen. Mit rund 17.000 Einwohnerinnen und Einwohnern eine eher gemütliche Kleinstadt. Die meisten kennen es als Kurstadt und REHA-Zentrum. Was viele nicht wissen: Hier können wir angeblich Dinge erleben, die es sonst nirgends gibt. Ob das was taugt? Das probieren wir aus. Bevor wir allerdings die Stadt erkunden, müssen wir erst mal Rast an einem ganz besonderen Ort machen. Ihr werdet gleich erfahren, wieso.

Kleiner Tipp: es wird lecker!

Café Knusperhäuschen

Normalerweise schauen wir uns Städte zunächst mal von oben an, besuchen Schlösser oder Museen und schieben irgendwann eine Pause ein. In Bad Wildungen machen wir es mal anders. Ich finde, der beste Ort für den Start dieser Tour liegt unter alten Apfelbäumen in einem verwunschenen Garten. Hier findet ihr das »Café Knusperhäuschen« und den Platz in Hessen, an dem es die größten und leckersten Windbeutel gibt, die ich jemals gegessen habe. Anne betreibt das Café und füllt diesen besonderen Platz mit Liebe und Leben. Sie ist hier geboren, in der Küche ihres Elternhauses, und das Backen, sagt sie, sei ihr in die Wiege gelegt worden.

Die Windbeutelschwäne von Anne sind riesig und unfassbar lecker

Die Windbeutel in Schwanenform sind ihre besondere Spezialität. Ein echtes Traditionsgebäck, das Anne schon seit 1970 backt. Damals hat sie das Haus übernommen und ihr Café eingerichtet. Wer mit ihr plaudert, merkt, wie viel Freude sie daran hat, Gäste zu bewirten. Zum Staunen bringt sie mich, als sie mir den Windbeutel serviert: Ein Prachtschwan ist das, garniert mit Eis, Beeren, Sahne und Eierlikör. Es soll mal einen Gast gegeben haben, der fünf davon alleine gegessen hat, und obwohl ich wirklich viel verdrücken kann, ist es mir ein Rätsel, wie er das geschafft hat.

Café Knusperhäuschen
Bilsteinstraße 46 · 34537 Bad Wildungen
Tel.: 05621-4128

Jetzt sind wir nicht nur sehr satt, sondern auch sehr glücklich und bereit, die Stadt zu erkunden. Dafür geht es erst mal rauf, denn die nächste Station thront majestätisch auf dem Schlossberg hoch über den Dächern von Bad Wildungen.

Beste Aussicht!

Schloss Friedrichstein

So ein Schloss steht einfach jeder Stadt gut. Das von Bad Wildungen heißt Schloss Friedrichstein und ist heute ein gut gepflegter Barockbau. Seine Geschichte reicht allerdings bis ins Mittelalter zurück. Damals war es noch eine trutzige Burg mit weit weniger Komfort. Doch dann kam ein Mann mit einer Vision: Graf Josias II. ließ die Burg in den 1660er Jahren nach und nach umbauen. So sah »Schöner Wohnen« in der frühen Neuzeit aus.

Heute beherbergt das Schloss keine Grafen oder Prinzessinnen mehr, sondern eine große Sammlung historischer Waffen und anderer Militärgegenstände. Hier hat Elisabeth das Sagen, die sich schon als Kind in das Schloss verliebte und als Erwachsene hier ihren Traumjob gefunden hat.

Den besten Ausblick gibt's im Schlosscafé

Ihr persönliches Lieblingsstück ist das osmanische Prunkzelt, das nicht nur uralt, sondern auch sehr wertvoll ist. Hier fanden sich bei großen Feiern die hohen Tiere ein und ich stelle mir vor, wie sie zwischen den bunten und mit Gold verzierten Stoffbahnen neue Pläne geschmiedet haben. Für uns »Normalos« gibt es heute das Schlosscafé. Bei schönem Wetter sitzt ihr hier auf der großen Terrasse und habt den Überblick über Bad Wildungen. Elisabeth sagt, es sei ein echter Geheimtipp und der schönste Ausblick, den wir über Bad Wildungen bekommen könnten. Das glaube ich sofort.

Schloss Friedrichstein
Schloßstraße 23 · 34537 Bad Wildungen
www.schlossfriedrichstein.de

Hier bekommt das Wort »Coolness« eine ganz neue Bedeutung.

Nach dem wir uns einen Überblick über die Gegend verschafft haben, wollen wir Bad Wildungen nun auch aus der Nähe kennenlernen. Gute Tipps, was wir tun könnten, gab es viele. Einer davon kam von Norbert, und der soll nur etwas für die ganz Harten sein. Schauen wir mal.

Kältekammer

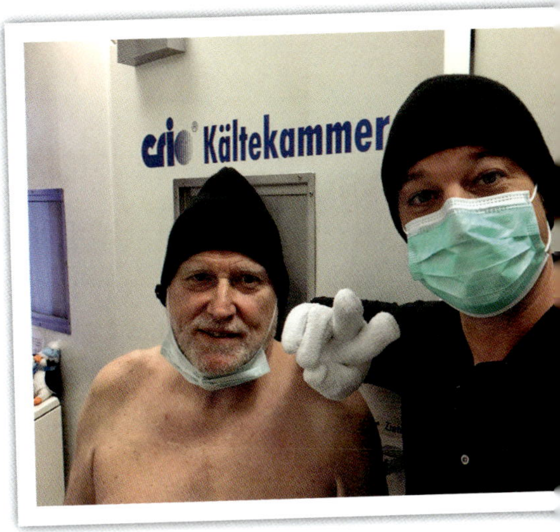

Schockgefrostet bei minus 120 Grad ist angeblich gesund

Es geht in die Bad Wildunger Rheumaklinik. Hier wartet Norbert schon auf mich: in Badehose und Turnschuhen, mit Mütze auf dem Kopf. Er will mit mir in die Kältekammer gehen, denn Kälte, erklärt er, sei für uns in kleinen Maßen ziemlich gesund: Sie lindere Schmerzen, Rheuma und orthopädische Probleme. Ich habe gerade zwar nichts von alledem, trotzdem bin ich gespannt, wie sich minus 120 Grad wohl anfühlen werden. Bevor es losgeht, rüstet Norbert mich allerdings erst mal mit Mütze und Maske aus, um Ohren, Nase und Mund vor der extremen Kälte zu schützen. Nach einer kurzen Eingewöhnung bei minus 50 Grad wagen wir es in die Hauptkammer. So etwas habe ich noch nie erlebt. Mein Hemd wird ganz hart und innerhalb weniger Augenblicke bilden sich winzige weiße Flöckchen auf meiner Mütze. Norbert rät, ein bisschen auf der Stelle zu joggen, um in Bewegung zu bleiben. Nach ein paar Minuten ist alles vorbei und wir verlassen, einmal schockgefrostet, den kältesten Ort Bad Wildungens. Wer es auch mal ausprobieren will, darf das Experiment gerne nachmachen. Hier kann jeder rein, entweder mit Unterstützung der Krankenkasse oder ganz privat. Ich verspreche euch: Nichts ist schöner, als nach diesem eisigen Ausflug langsam wieder warm zu werden. Außerdem ist es schließlich gesund!

Rheumaklinik Bad Wildungen
Am Katzenstein 2 · 34537 Bad Wildungen
Tel.: 05621-7970 · www.rheumaklinik-bw.de

Der Weg ist das Ziel.

Nach so einem Kälteschock soll man sich bewegen, damit der Körper eine Chance hat, wieder warm zu werden. Also auf zu einem gemütlichen Spaziergang, denn wie heißt es so schön? Der Weg ist das Ziel.

Kurpark

Dass Bad Wildungen eine Kurstadt ist, wissen wir schon. Dass sich hier aber auch der größte Kurpark Europas findet, war mir neu. Über eine Fläche von umgerechnet 70 Fußballfeldern erstreckt er sich. Da lauft ihr eine Weile, bis ihr wirklich alles gesehen habt. Mich zieht es zur Wandelhalle, die mittendrin zu finden ist. Hier hat alles angefangen, hier entwickelte sich Bad Wildungen zum zweitgrößten Heilbad Deutschlands nach Wiesbaden. Betrieb ist hier immer und das liegt auch daran, dass nicht nur Kurgäste die Wandelhalle besuchen dürfen, sondern jeder, der Lust dazu hat. An verschiedenen, ich nenne sie mal Zapfsäulen gibt es das Heilwasser. Probiert euch gerne durch. Wer es salzig mag, wird die Helenenquelle mögen, wer es lieber etwas milder hat, ist bei der Waldquelle richtig. Mir hat letztere jedenfalls sehr gut geschmeckt. Sind Durst und Neugier gelöscht, könnt ihr nebenan im Quellenmuseum auf Zeitreise gehen. Hier steht zum Beispiel das Nierensteinpferd aus den 1930er Jahren. Die Erkrankten kletterten auf die Konstruktion mit Sattel drauf und ließen sich durchschütteln. Angeblich eine gute Methode, um Nierensteine loszuwer-

Rund um die Wandelhalle liegt der größte Kurpark Europas

den. Dachte man jedenfalls damals. Mich erinnert es an die Bullriding-Maschinen, die wir heute in manchen Westernkneipen oder auf Rodeos finden.

Bad Wildungen Kurpark und Wandelhalle
An der Georg-Viktor-Quelle 3 · 34537 Bad Wildungen
Tel.: 05621-9679611

Bad Wildungen mag eine Kleinstadt sein, aber zu entdecken gibt es in den insgesamt 14 Stadtteilen wirklich viel. Nach der kleinen Erfrischung zieht es uns ins Walddorf Bergfreiheit. Das gehört wie viele andere Walddörfer auch zu Bad Wildungen und dort soll den Gebrüdern Grimm einst die Idee zu »Schneewittchen« gekommen sein.

Das macht uns neugierig.

Kupferbergwerk Bergfreiheit

Die Geschichte vom schönen Schneewittchen und den sieben Zwergen klingt wie ein Märchen, ist aber angeblich keines. Hier in der Nähe des alten Kupferbergwerkes soll sie sich vor vielen Jahren wirklich zugetragen haben. Am Eingang des Bergwerks werde ich von Eckhart empfangen. Er war früher Lehrer in Bad Wildungen und beschäftigt sich seit langem mit der Geschichte seiner Heimat, und davon kann er viel und fesselnd erzählen. Zuerst einmal schlüpfen wir aber in Jacke und Bergwerkshelm, denn in den alten Stollen werden wir beides brauchen. Hier ist es das ganze Jahr kühl und bis auf ein paar wenige Lichter auch dunkel. Mit jedem Schritt, den wir weiter hineingehen, wird es außerdem enger. Im 16. Jahrhundert, erklärt Eckhart, wurde hier tatsächlich Kupfer abgebaut. Für Erwachsene waren die Stollen aber schon damals zu klein, deswegen wurden hier Kinder zur Arbeit geschickt. Zwischen acht und zwölf Jahre waren sie alt, wenn sie ins Bergwerk einfuhren, und sie hatten wahrlich kein schönes Leben. Durch die harte Arbeit ohne Tageslicht blieben sie im Wachs-

Hier holten sich die Brüder Grimm die Ideen für »Schneewittchen«

tum zurück und alterten schnell. Sie gingen als Kinder in den Stollen und kamen als Greise wieder heraus. Zur Arbeit selbst trugen sie Zipfelmützen, die sozusagen die Vorläufer der heutigen Helme sind. Für jemanden mit so viel Fantasie, wie die Gebrüder Grimm sie hatten, die perfekte Vorlage für die sieben Zwerge. Im angrenzenden Dorf steht das Schneewittchenhaus, wo die Legende bis heute am Leben erhalten wird. Jeden zweiten Sonntag im Monat dürft ihr einen Blick reinwerfen und das schöne Schneewittchen und seine kleinen Beschützer besuchen.

Heimat- und Verkehrsverein Bergfreiheit e.V.
Schneewittchendorf Bergfreiheit · 34537 Bad Wildungen
www.schneewittchendorf-bergfreihei.jimdo.com

Ein echter Geheimtipp für große Spielkinder und eine Zeitreise in die 80er.

Wir sind verzaubert von dieser Gegend und irgendwie scheint es uns, als würden Märchen hier überall lebendig. Kennt ihr Peter Pan, den Jungen, der nie erwachsen werden wollte? Der hätte sicherlich große Freude an unserer nächsten Station. Ein echter Geheimtipp für große Spielkinder und eine Zeitreise in die 80er.

Flipperatorium

Sogar eine Minibar gibt's im Flipperatorium

Hinter unscheinbaren Mauern verbirgt sich mitten im Zentrum von Bad Wildungen eine Art Parallelwelt: das Flipperatorium. Als ich die Wohnung betrete, ist hier schon einiges los. In allen Zimmern stehen Leute an Flipperautomaten und zocken. Mittendrin wuselt Dirk herum, der das Ganze eingerichtet hat und alte Jugendträume zu neuem Leben erweckt. Vor vielen Jahren kaufte er sich seinen ersten Flipper und schon der Verkäufer prophezeite ihm, dass es dabei nicht bleiben würde. Er sollte Recht behalten. Heute besitzt Dirk Dutzende leuchtende Flipper, Darts-Scheiben und Musikboxen. Wer kommt, darf zocken. Kostenlos. Eine kleine Bar gibt es auch und, weil Dirk Freude daran hat, auch eine Mini-Disko. Ein guter Ort, um den Tag in Bad Wildungen ausklingen zu lassen.

Dirk Gimpel
Ludwig-Konrad-Straße 13 · 34537 Bad Wildungen
Tel.: 05621-79000

Unser Fazit:

Wer hätte gedacht, dass so ein kleiner Ort so viel zu bieten hat? Ich bin bezaubert von Bad Wildungen, weil die Mischung zwischen Lässigkeit und Mythischem einfach stimmt. Bad Wildungen ist heilendes Wasser, leckeres Essen, zauberhafte Geschichten und viel Natur. Ich bin gespannt, wie ihr es findet.

EDERSEE

Im Norden von Hessen, inmitten des Nationalparks Kellerwald-Edersee, liegt der Edersee. Ein echtes, hessisches Kleinod und eine DER Urlaubsregionen zu Hause in Hessen. Schön ist er ja, der zweitgrößte Stausee Deutschlands, umgeben von Wiesen und Wäldern und eingerahmt von einer 48 Meter hohen Staumauer. Trotzdem fragen wir uns, wie gut Urlaub machen hier wirklich geht. Kann der Edersee auch international mithalten, mit beliebten Zielen wie dem Gardasee in Italien oder dem Wörthersee in Österreich?

So viel verraten wir euch schon mal: Er kann!

Den besten Überblick verschafft man sich im Urlaub erst mal von oben (hat meine Oma immer gesagt). Hier am Edersee bietet sich dafür das Schloss Waldeck an. Von der Burganlage habt ihr einen wahrhaft königlichen Blick auf den See, auf dem bei schönem Wetter natürlich einiges los ist, und auf die imposante Staumauer.

Überhaupt, die Staumauer....

Staumauer

380 Meter lang ist sie ganz genau, hat Talsperrenwärter Steffen mir verraten. Daneben fühle ich mich ziemlich klein. Rein in das imposante Bauwerk dürfen Besuchende nur in Ausnahmefällen, und so eine Ausnahme hat Steffen für mich gemacht. Dunkel ist es dort in den feuchten Tunneln und egal zu welcher Jahreszeit immer neun Grad warm bzw. kalt. Schwere Türen sollen im Notfall eindringendes Wasser abhalten. Das müsste allerdings erst mal durch die teilweise 36 Meter breiten Steinmauern kommen. Eher unwahrscheinlich, versichert Steffen mir. Trotzdem ist es ein gutes Gefühl, dass er jeden einzelnen Tag kontrolliert, ob alles in Ordnung ist.

Die Staumauer bietet einen imposanten Ausblick auf den See

Strom wird hier übrigens auch erzeugt, so wird die Kraft des Wassers optimal genutzt. Ihr könnt den Ausblick von oben nach unten genießen; die Staumauer darf befahren werden und es ist sogar möglich, dort standesamtlich zu heiraten. Den Ausblick aufs Wasser werden die Gäste sicher nicht vergessen.

Das Wasser. Da zieht es uns natürlich hin bei unserem Urlaubstauglichkeitscheck. Die Wasserqualität ist erste Sahne; baden überhaupt kein Problem. Aber erst mal wollen wir trockenen Fußes rauf aufs Wasser.

Privates Floßerlebnis!

Floß fahren auf dem Edersee

René und Ronny haben sich in Edertal am Edersee einen Traum erfüllt und leben vom Tourismus. Die beiden sind nicht nur leidenschaftliche Angler, sondern haben

Auf meinem Holzfloß bin ich Kapitän

auch etwas ganz Besonderes für euch im Angebot: ein hölzernes Erlebnisfloß, auf dem ihr für einen Tag Kapitän sein könnt. Zehn Leute (oder 850 kg) dürfen gleichzeitig damit aufs Wasser, es gibt einen überdachten Teil, eine Sonnenterrasse und nach einer kurzen Einweisung schippert ihr damit alleine los. So ein Privat-Floß ist eine feine Sache und mal ganz im Ernst: Wer hat da noch Sehnsucht nach einer Yacht? Per Badeleiter kommt ihr rein ins Wasser und – noch wichtiger – auch wieder heraus. Oder ihr werft die Angel aus. Der Edersee ist fischreich und vielleicht ist euch das Anglerglück hold. Ronny erzählt jedenfalls, dass hier auch schon mal ein 2,38 Meter großer Wels geangelt wurde.

Auf dem Wasser geht aber noch viel mehr …

Sun-Fun Edersee
Randstraße 3 · 34549 Edersee
Tel.: 05623-4901 · www.sun-fun.de

Ponyschwimmen mit den Eder-See-Pferdchen

Das nächste Abenteuer liegt an der Westseite des Edersees. Bei Asel-Süd findet ihr den Campingplatz »Edersee-Paradies«. Und ein Paradies ist es wirklich. Camper, Wohnwagen und Zelte stehen inmitten von saftigen Wiesen, große Bäume spenden Schatten und der See ist nur ein paar Schritte entfernt. Die Seele dieses traumhaften Platzes ist Priscilla. Die Holländerin kam vor mehr als 15 Jahren selbst als Urlauberin hierher, verliebte sich und blieb. Heute betreibt sie den Campingplatz zusammen mit ihrem Mann und hat sich noch nicht einen Tag gelangweilt, sagt sie. Das liegt wahrscheinlich auch daran, dass es auf ihrem Campingplatz ein ganz besonderes Angebot gibt: das Ponyschwimmen. Priscilla nennt eine kleine Herde ihr Eigen und ihre Pferde sind alles andere als wasserscheu. Im Gegenteil, mit ihnen könnt ihr den Edersee vom Pferderücken aus erkunden. Das muss ich probieren. Mit Badezeug und Cowboyhut geht es los, Priscilla ist dabei und sagt, was zu tun ist. Nach den ersten Schritten werden die Füße nass, dann soll ich mich nach vorne auf den Bauch legen und plötzlich … verschwindet der Untergrund unter den Hufen meines Pferdes und es fängt an zu

Noch hat mein Pony festen Boden unter den Füßen, gleich werden wir zusammen schwimmen

schwimmen. Ein irres Gefühl. Ich kann es nur jeder Person empfehlen, die nicht wasser- oder pferdescheu ist.

Camping Edersee-Paradies
Asel-Süd 1 · 34516 Vöhl
Tel.: 05635-608 · www.edersee-paradies.de

Das war schon mal ein guter Einstand als Cowboy, aber da geht noch mehr …

Wohnen am Edersee – das Westernhotel

Vielleicht geht es euch wie mir: Reiten und Pferdeschwimmen haben Lust gemacht auf mehr Wildwest-Feeling. Das bekommt ihr in Edertal bei Benny und seiner Familie. Die betreiben dort das »Zündstoff-Motel«, und das ist ein echtes Westernhotel, ach, was sag ich, eine richtige Westernstadt. Wer dort ankommt, bekommt schnell das Gefühl, in eine Zeitschleife geraten und irgendwo zwischen 1840 und 1890 im guten, alten Wil-

Bin ich aus Versehen in eine Zeitmaschine geraten?

den Westen wieder herausgekommen zu sein. Wagenräder, Westernsättel, ein Wasserturm und eine alte Postkutsche machen die Illusion perfekt. Wie kleine Saloons sind die Gästehäuser ringförmig um einen großen Platz angelegt. Sie tragen Namen wie »Buffalo Bill« oder »Wyatt Earp« und sind rustikal, aber komfortabel ausgestattet. Hier können Cowboys und Cowgirls nach einem langen Tag getrost die staubigen Stiefel ausziehen und sich ausruhen. Der Dorf-Sheriff und Chef des Hotels ist Benny, der sich hier seinen Western-Traum erfüllt hat. Ihr erkennt ihn sofort; stilecht mit Cowboyhut, Tuch und Weste sieht er aus wie ein fröhlicher Revolverheld. Fertig wird er mit seinem Hotel nie, sagt er selbst. Deswegen werdet ihr, wann immer ihr kommt, neue Angebote finden.

Zündstoff Edersee · Am Weiher 1 · 34549 Edertal
Tel.: 05623-9969935
www.zuendstoff-edersee.de

Wohnen am Edersee – Übernachten in Fässern

Ihr könnt aber auch anders!

Eine andere und ebenfalls außergewöhnliche Art, im Urlaub unterzukommen, findet ihr in Edertal bei Mike. Der betreibt dort das Fassmotel, wo ihr, wie der Name schon sagt, in Fässern übernachtet. Die Idee hat Mike aus Norwegen mitgebracht und am Edersee verwirklicht. Eine coole Alternative zu »normalen« Hotelzimmern, egal ob ihr alleine, mit Freunden oder mit der Familie unterwegs seid. Drinnen im Fass ist es urgemütlich: Die Decke wölbt sich über euch und ihr schaut vom Bett aus durch ein kleines Fenster ins Grüne. So

Lässige Alternative zum »normalen« Hotel – übernachten im Fass

habt ihr garantiert noch nie übernachtet. Und selbst für Hunde gibt es eigene Schlaf-Fässer, natürlich mit Wassernapf davor.

Fassmotel
Kasseler Str. 17 · 34549 Edertal
Tel.: 0172-5661490 · www.fassmotel.de

Wir wollen Action.

Sommerrodelbahn, Minigolf und mehr

Die Abwechslung macht die Region um den Edersee aus. Im Waldecker Stadtteil Nieder-Werbe findet ihr ein verrücktes Märchenschloss. Stefan Groll hat es selbst entworfen und, wie er sagt, viele Buntstifte verbraucht, bis er alle Farben zusammen hatte. In seinem persönlichen Märchenschloss wohnt Stefan aber nicht, sondern betreibt dort einen kleinen Freizeitpark. Ihr findet hier eine Sommerrodelbahn, einen Minigolfplatz und eine Schotterpiste, auf der ihr Quad

In Stefans Mini-Freizeitpark könnt ihr euch mit der ganzen Familie austoben

fahren könnt. Aber eines nach dem anderen. Den besten Überblick über die Gegend bekommt ihr auf der Sommerrodelbahn. Ein Seilzug zieht euch mitsamt dem Schlitten erst einmal den Berg hoch. Eine gemächliche Fahrt, bei der ihr in Ruhe den Blick über die wilden Wiesen rundherum schweifen lasst. Oben angekommen, ist es mit der Gemütlichkeit dann vorbei. Ihr legt den Hebel um und rast mit euren Schlitten 850 Meter runter ins Tal. Ein Wahnsinnsgefühl! Und das erste Mal, dass mein Gewicht mir zugutekommt. Auf der Sause nach unten taucht ihr unter kleinen Brücken durch, legt euch in die Kurve und genießt den Wind im Haar (natürlich nur, wenn ihr noch welches auf dem Kopf habt). Ich garantiere euch: Wenn ihr unten ankommt, habt ihr ein breites Grinsen im Gesicht.

Aber wie gerade schon angedeutet, gibt es bei Stefan noch mehr Action. Direkt neben der Sommerrodelbahn liegt einer der urigsten Minigolfplätze, die ich je gesehen habe. Hier gibt es keine betonierten Bahnen, sondern grünes Gras, auf dem ihr spielt. Dazwischen kleine und größere Felsen, durch die sich ein Bachlauf schlängelt. Vor allem die Kinder, erzählt Stefan, lassen das Minigolf im Sommer manchmal einfach Minigolf sein und kühlen sich lieber eine Runde ab. Kein Problem und bei großer Hitze eine willkommene Gelegenheit.

Falls ihr dachtet, jetzt haben wir alles gesehen, liegt ihr falsch. Auf dem großen Gelände ist auch noch Platz für eine abenteuerliche Schotterpiste. Hier testet ihr eure Fahrkünste auf dem Quad und legt euch mit den vierrädrigen Mini-Gefährten ordentlich in die Kurve. Kleiner Tipp von mir: Den Oberkörper legt ihr in den Kurven besser in entgegengesetzter Richtung der Fliehkraft. Bei einer Linkskurve lehnt ihr euch nach rechts und umgekehrt, sonst kann so ein Quad schnell umkippen. Nach ein paar Minuten habt ihr den Bogen garantiert raus und wollt nie wieder absteigen.

Sommerrodelbahn Edersee
34513 Waldeck Nieder-Werbe · Tel.: 05634-6646
www.sommerrodelbahn-edersee.de

Was wäre ein Sommerurlaub ohne ein leckeres Eis? Undenkbar, finden wir.

»Lecko Mio«

Ich habe den Tipp bekommen, dass es das beste Eis am Edersee direkt an der Staumauer gibt, also nix wie hin. Das »Lecko Mio« ist keine ganz normale Eisdiele, sondern nennt sich »Eis Manufaktur«. Aus gutem Grund, denn hier wird alles selbst hergestellt. Manchmal bedeutet das sehr lange Arbeitstage, erzählt Betreiber Steffen mir. Aber die Saison ist kurz und die strahlenden Augen seiner Gäste sprechen für sich. Kein Wunder also, dass sich bei warmem Wetter vor dem Laden eine lange Schlange bildet. Das Anstehen lohnt sich aber. Versprochen. Neben Vanille-, Schokolade- oder Stracciatella-Eis gibt es hier auch ein paar ganz besondere Sorten wie gepfefferte Erdbeere oder Whisky-Vanille mit Pekanuss. Mein Favorit war das Hanf-Eis, aber ihr entscheidet natürlich selbst, was euch am besten schmeckt. Im »Lecko Mio« wechseln die Sorten täglich, denn das Team probiert gerne neue Sachen aus. An graueren Tagen, wenn die Schlange nicht so lang ist und die Arbeit überschaubar, kann euch Steffen übrigens viel erzählen. Der Mann war nämlich nicht immer Eisdielen-Betreiber, sondern hat auch schon als Physiotherapeut und beim Fernsehen gearbeitet. Seine Eisdiele ist sein Herzensprojekt, hier will er alt werden.

»Lecko Mio«
Zur Sperrmauer 62 · 34549 Edertal
https://m.facebook.com/oh.lecko.mio/

Wildtierpark

Frisch gestärkt geht es weiter. Wir wollen wandern, allerdings nicht alleine, sondern mit wilden Tieren.

Mindestens einmal pro Urlaub ist Wandern Pflicht. Aber Spaß muss es machen, und den kriegt ihr auf jeden Fall im Wildtierpark in Edertal. Auf 80 Hektar erwarten euch tiefe Wälder, wilde Tiere und der ein oder andere persönliche Kontakt. Zum Beispiel zu Henriette. Die zutrauliche Hirschkuh ist ein Findelkind, das Glück gehabt hat. Ein Jäger hat sie gefunden, als sie noch ein Kälbchen war, und quasi adoptiert. Seit sie groß genug ist, um alleine klarzukommen, lebt Henriette bei ihren Artgenossen im Wildpark. Das Zutrauen zu Menschen ist ihr geblieben, und so geht sie mit ihren Pflegern spazieren und freut sich auch über meine Streicheleinheiten. Im Herbst übernehmen allerdings die Hirsche das Sagen. In der Brunftzeit halten wir lieber Abstand und bestaunen die anmutigen Tiere sicherheitshalber aus der Ferne. Ein bisschen Abstand ist auch nebenan bei den europäischen Wölfen angesagt. So schön, wie sie sind, bin ich froh, dass

Im Wildtierpark kommen sogar Wandermuffel in Gang

zwischen ihnen und mir ein stabiler Zaun ist. Bei meinem Besuch war das Wolfsgehege gerade ein Kindergarten und der Star unter den Welpen der schlappohrige Balou. Unfassbar süß! Und wir sind noch lange nicht am Ende unserer Parktour. Ein Flugprogramm gibt es hier nämlich auch. Allerdings geht ihr nicht selbst in die Luft. Das übernehmen die Greifvögel. Achtet mal drauf, wie riesig die wirken, wenn sie ein paar Meter von euch entfernt landen. Wer sich traut, darf dem großen Uhu über die Federn streichen und »Juanita« beim Naschen beobachten. Die Wüstenbussard-Dame kommt allerdings nur, wenn sie Appetit und Lust zu fliegen hat. Bei ihr gehören Sport und eine leckere Belohnung untrennbar zusammen und ich denke, zumindest was das betrifft, sind wir Seelenverwandte.

WildtierPark Edersee
Am Bericher Holz 1 · 34549 Edertal-Hemfurth
Tel.: 05621-9040200 · www.wildtierpark-edersee.eu

Bis hierher hatten wir tolle Unterkünfte, jede Menge Action auf und am See, wunderschöne Ausblicke, leckeres Eis und herrliche Natur. Fehlt nur noch ein bisschen was Sportliches. Darauf müsst ihr natürlich am Edersee auch nicht verzichten.

Die Bretter, die die Welt bedeuten, heißen hier: Surfbretter

Bringhäuser Bucht

Wenn ich an Windsurfen gedacht habe, hatte ich immer Italien, Frankreich oder mindestens die Ostsee im Kopf. Aber Hessen? Auf die Idee wäre ich nie gekommen. Ein großer Irrtum, denn der Edersee bietet alles, was das Windsurfer-Herz begehrt. In der Bringhäuser Bucht betreibt Lars seine Windsurf-Schule und er hat alles da, was ihr braucht: Neoprenanzüge, Bretter und viel Geduld. Damit bringt er selbst schwierigen Fällen das Windsurfen bei. Ich bin das beste Beispiel. »Jetzt ziehst du das Segel ran, als wolltest du eine Tür leise schließen«,

Surfen lernen und baden gehen ist häufig das Gleiche

von solchen Tipps hat Lars eine ganze Menge. Das ist anschaulicher Unterricht, der Spaß macht. Ab und zu lande ich bei meiner Probestunde zwar unfreiwillig im Wasser, aber am Ende bin ich stolz, immerhin eine kleine Runde auf dem Surfbrett geschafft zu haben. Kleiner Tipp: Ein guter Gleichgewichtssinn macht die Sache leichter.

Windsurfing Edersee
Lars Kreh · Seestraße/Bringhäuser Bucht · 34549 Edertal
Tel.: 05623-2582 · www.windsurfing-edersee.com

Unser Fazit:

Der Edersee gilt als DIE Urlaubsregion zu Hause in Hessen und wir finden: Völlig zu Rechtt! Hier liegen atemberaubende Natur, sportliche Action und Badespaß direkt vor der Haustür. Muss man ewig weit fahren, um Urlaubsgefühle zu kriegen? Nein, wir haben den Edersee, und der bietet alles, was ihr braucht: Freizeit, Entspannung, Urlaubsgefühl, tolle Gastgeber. Langweilig wird euch hier garantiert nicht.

FRITZLAR

Wer nach Fritzlar kommt, kriegt es mit 1.300 Jahren Geschichte zu tun. Im Jahr 724 wurde es von Bonifatius gegründet, von dem es heißt, er habe mit nur wenigen Axthieben eine riesige Eiche gefällt und aus ihrem Holz eine Kapelle gebaut. Der Grundstein für Fritzlar. Heute leben hier in der mittelalterlichen Perle im Schwalm-Eder-Kreis rund 15.000 Menschen, und die hüten angeblich viele Schätze. Neue und alte, kleine und große sollen es sein. Ob sie halten, was sie versprechen? Wir machen uns auf die Suche und starten in der Gegenwart mit einem röhrenden Motor.

Auf ins Abenteuer!

Turbogarage

Wenn Stefan die Straße herunterbraust, ist er nicht zu überhören. Dafür sorgt sein ganz persönlicher Schatz: ein Porsche von 1985, den er mit seinem Bruder zusammen umgebaut und noch sportlicher gemacht hat. »Anton« heißt das Schmuckstück, das die beiden auf wenig Masse und viel Leistung getrimmt haben. Der bringt was auf die Straße, und wenn ein geübter Rennfahrer wie Stefan ihn lenkt, wird es schon mal wild. Als wir vor seinem Laden, der »Turbogarage«, zum Stehen kommen, habe ich etwas Pudding in den Knien. Stefan und sein Bruder Mathias haben ihr Hobby zum Beruf gemacht. Beide sind als junge Männer Rennen gefahren und jetzt geben sie alten Rennwagen ein neues Zuhause, päppeln sie auf oder kümmern sich um die Lieblingsautos ihrer Kundschaft. Was es hier zu sehen gibt, hat ein bisschen was von Automuseum. Eine echte Schatzkammer für Autofans, und wenn ihr eine Schwäche für schnelle Motoren habt, schaut unbedingt mal vorbei.

Hinter uns steht »Anton« der Rennporsche

Turbogarage
Im Wehrengrund 2 · 34560 Fritzlar
Tel.: 05622-7981492 · www.gt2.de/start.html

Nach so viel PS brauchen wir etwas, das den Puls wieder beruhigt. Der ideale Ort dafür ist der Fritzlarer Markt. Der findet jeden Samstag statt und zwischen Blumen, Leckereien und Straßenmusik macht sich Entspannung breit. Allerdings dauert unsere Verschnaufpause nicht allzu lange, denn ein paar Straßen weiter wartet ein gruselig-schöner Ort.

Macht euch bereit für Düsteres.

Grauer Turm

An der weitgehend erhaltenen Stadtmauer von Fritzlar ragt der Graue Turm 38 Meter hoch in den Himmel. Er ist einer der größten, bis heute erhaltenen städtischen Mauertürme, ein historischer Schatz. 1274 wurde er das erste Mal erwähnt und niemand weiß so viel über seine Geheimnisse wie Michaela. Sie ist mit

Ein Modell von Fritzlar zu Mittelalterzeiten

den Geschichten über ihre Stadt groß geworden und liebt es, ihr Wissen weiterzugeben. Deswegen hat sie sich der Stadtführergilde angeschlossen und hält bei ganz unterschiedlichen Touren Fritzlars Vergangenheit lebendig. Die war hier im Turm nicht immer rosig, im Gegenteil. Im ersten Stock zeigt Michaela mir einen Schacht mit einer Haltevorrichtung. Von hier aus wurden Gefangene an einem Strick festgebunden in den Kerker abgeseilt. Daher kommt übrigens der Begriff »jemanden einlochen«, denn genau das passierte hier. Für nicht ganz so harte Strafen gab es außerdem noch die Pranger oder das hölzerne Karussell: eine Art Käfig, der von jedem gedreht werden durfte, der vorbeikam. Mir ist nach drei Drehungen schon übel und ich fühle augenblicklich mit denen mit, die da den ganzen Tag eingesperrt waren. Es gibt im Turm aber nicht nur Schreckliches, sondern auch Schönes. Ein Stadtmodell aus dem Mittelalter zum Beispiel und natürlich eine tolle Aussicht von der obersten Plattform runter auf die Stadt.

Tourist-Information Fritzlar
Zwischen den Krämen 5 · 34560 Fritzlar
Tel.: 05622-988643 · www.fritzlar.de/freizeit-tourismus/tourismus/stadtfuehrungen/stadtfuehrergilde/

Nach der Besichtigung von Fritzlar aus luftiger Höhe schauen wir, was wir im Städtchen selbst geboten kriegen. Natürlich gibt es viele Ecken, die Gemütlichkeit ausstrahlen. Dafür sorgen schon die zahlreichen Fachwerkhäuser. Es gibt aber auch jede Menge Style.

Lasst euch überraschen.

»Gute Stube«

Grobe Balken, helle Räume und darin: ein Laden für Streetwear und ein Tattoostudio. Willkommen in der »Guten Stube« von Micha und Lisa. Die beiden haben sich nicht nur den gemeinsamen Traum von einem eigenen Laden erfüllt, sondern auch den vom eigenen Klamottenlabel. »Motte Klamotte« hat Micha es getauft, und unter diesem Namen verkauft er nachhaltige Streetwear. Die Idee kam ihm beim Shoppen, als er bemerkte, dass die Sachen, die er schön fand, selten nachhaltig produziert waren. Das findet er aber wichtig und macht es nun eben selbst. Alles, was ihr bei ihm findet, ist aus nachhaltigen Textilien oder recycelten Materialien und jedes Teil ist

Tattoos und Klamotten vereinen Lisa und Micha in ihrem Laden

selbst entworfen und bedruckt. Was für Micha die Kapuzenpullis sind, sind für seine Freundin Lisa Tinte und Nadel. Sie ist Tätowiererin und hat sich ebenfalls im Laden eingerichtet. Nicht in irgendeiner dunklen Ecke, sondern in einem hellen, freundlichen Raum, einer »Guten Stube« eben.

Gute Stube · Kasseler Straße 15 · 34560 Fritzlar
Tel.: 05622-8081948
www.gute-stube-tatowierhandwerk.business.site
www.motte-klamotte.de/de/wer-wir-sind/motte-store/

Unser nächster Schatz hat vor allem viel mit Genuss und auch Experimentierfreude zu tun. Wir treffen einen Arzt, der in seiner Freizeit die ganze Familie für sein Hobby einspannt.

Ein guter Mann!

Premium Gin Fritzlar N°1

Gibt es etwas Schöneres als ein Freizeitvergnügen, bei dem die ganze Familie mitmacht? Bei Jochen ist das so. Eigentlich ist er Arzt, aber sobald er den weißen Kittel ausgezogen hat, doktert er für sein Leben gerne an Gin-Rezepturen herum. Die Idee, einen eigenen Fritzlarer Gin herzustellen, kam Jochen und seiner Frau vor ein paar Jahren bei einer Reise nach Irland. Dort lernten die beiden einiges über Kräuterkunde und beschlossen, dieses Wissen sinnvoll zu nutzen. Mehrere Jahre haben sie an der richtigen Zusammensetzung aus Kräutern und Früchten herumexperimentiert und dafür die ganze Familie mit ins Boot geholt. Umgesetzt hat es die Kellerwald Destille und nun steht das Stöffche abgefüllt in den Fritzlarer Geschäften. Ihr erkennt es an dem Etikett, auf dem der Graue Turm zu sehen ist, eines der Wahrzeichen der Stadt, ihr erinnert euch sicher. Natürlich will ich aber nicht nur über den Gin sprechen, sondern brenne darauf, ihn zu probieren.

Jochen hat lange getüftelt, bis sein Gin die richtige Rezeptur hatte

Das führt uns zur nächsten Station, dem Genuss-Kontor von Jürgen. Er verkauft nicht nur edle Getränke und Schokolade, sondern ist auch ein guter Gastgeber. Den ersten Schluck von Jochens Premium Gin Fritzlar N°1 gibt es pur ins Glas und er schmeckt nach Zitrusfrüchten, Schokolade und allerlei Gewürzen. Ein echter Genuss, auf den direkt der Longdrink-Test folgt. Zusammen mit einem leckeren Tonic ist dieses Stöffchen genau mein Ding. Ein Schatz in flüssiger Form. Davon hat Jürgen in seinem Genuss-Kontor übrigens noch mehr. Für alle, die zum Beispiel auch gerne Whisky trinken, ist er genau der richtige. Seine Auswahl ist riesig und ein guter Gastgeber ist er sowieso, also nichts wie hin.

Premium Gin Fritzlar N°1
Genuss Kontor Nr. 1 · Kasseler Straße 1 · 34560 Fritzlar
Tel.: 05622-7978575 · www.genusskontor-nr1.de

Unsere Schatzsuche quer durch Fritzlar geht weiter. Nach den kulinarischen Perlen fehlen uns noch Gold und Edelsteine und ja, auch so etwas gibt es hier. Gut gesichert, im größten Wahrzeichen der Stadt.

Ein Schatz im Schatz.

Der größte Schatz liegt im Fritzlarer Dom ...

... im Kaiser Heinrich Kreuz steckt ein Stück aus dem Kreuz von Jesus Christus

Dom Fritzlar

Schon von weitem ist der Fritzlarer Dom imposant und auch, als ich ihn betrete, überkommt mich mal wieder große Ehrfurcht vor denen, die solche Schmuckstücke planen und bauen. Doch das größte Heiligtum hier sind nicht etwa die Deckenverzierungen oder die kostbaren Fenster, sondern ein echter Kirchenschatz. Petra hat sich bereit erklärt, ihn mir zu zeigen, und verspricht mir 1.000 Jahre glitzernde Geschichte. Das klingt aufregend. Eine schwere Tür sichert die Schatzkammer, und als Petra sie aufstößt, glitzert es mir aus allen Ecken entgegen. Zahlreiche Vitrinen mit goldenen Kreuzen und Kirchenschmuck stehen hier, doch das absolute Glanzstück ist ein großes, goldenes Kreuz, das über und über mit bunten Edelsteinen besetzt ist. Das ist das sogenannte »Kaiser Heinrich Kreuz«, erklärt Petra, und es hat nicht nur materiellen Wert, sondern versteckt in seiner Mitte auch noch ein Stück Holz aus dem Kreuz von Jesus Christus. Ein großes Heiligtum, wunderschön und unbezahlbar. Schaut sie euch an, die Fritzlarer Kronjuwelen, ich verspreche euch, sie bringen auch eure Augen zum Leuchten.

Fritzlarer Dom & Dommuseum
Dr.-Jestädt-Platz 11 · 34560 Fritzlar
Tel.: 05622-99990 · www.katholische-kirche-fritzlar.de

Unser Fazit:

Wir sind in Fritzlar auf Schatzsuche gegangen und wir haben viel gefunden: Menschen, die mit Elan und Eifer Neues ausprobieren und ihre persönlichen Schätze an andere weitergeben. Historische Mauern, die eine ganze Schatztruhe mit spannenden Geschichten füllen und Kirchenschätze, die materiell und ideell unbezahlbar sind. In Fritzlar warten Abenteuer auf euch, also nichts wie los.

KASSEL

Hoch oben im Norden, an der Grenze zu Niedersachsen und Thüringen, liegt Kassel. Eine Stadt, die viel zu bieten hat: Heimat der Brüder Grimm, die hier gelebt und gearbeitet haben und die in der »Grimmwelt« bis heute ihren festen Platz einnehmen. Kassel ist aber auch die Wiege der documenta, die alle fünf Jahre Kunstinteressierte aus der ganzen Welt anlockt. Es gibt eine Universität, den größten Bergpark Europas mit seinen historischen Wasserspielen und über all dem thront in 530 Metern Höhe die imposante Statue des »Herkules«. Eigentlich wäre das doch schon mehr als genug, aber es heißt, Kassel habe noch viel mehr zu bieten. Neben den offiziellen Sehenswürdigkeiten soll es zahlreiche lohnenswerte Geheimtipps geben. Ob das stimmt? Finden wir es heraus.

Auf in die größte Open-Air-Galerie Hessens.

STREETART

Eine Stadt erkundet man am besten zu Fuß, habe ich irgendwo mal gehört. Für Kassel jedenfalls stimmt das, denn die Heimat der documenta ist auch eine Hochburg für Streetart, und die entdeckt man am besten bei einem Spaziergang. Ich mache mich auf in den Norden der Stadt, wo ich Gerrit treffe. Er kennt die Streetart-Szene gut und hat versprochen, mir eine kleine Einführung zu geben. Was sofort auffällt, sind die vielen bunten Wände: Häuser, Mauern oder Unterführungen sind verziert mit großen und kleinen Schriftzügen, Graffitis oder ganzen Wandgemälden, sogenannten Murals. An vielen Ecken wird gerade noch gearbeitet, denn fertig ist dieses lebendige Kunstwerk wahrscheinlich nie. Die Sprayer, sagt Gerrit, dürfen sich hier nach Lust und Laune ausleben. Tagsüber unter den staunenden Blicken der Fußgänger statt heimlich nachts und illegal. Die Stadt toleriert sie nicht nur, sie fördert diese Kunstform ganz bewusst. Viele Wohnbauunternehmen lassen ihre Hauswände mit Blumen, Portraits

Nirgendwo in Hessen gibt es so viel Streetart wie hier

oder Comic-Szenen besprühen. Was für eine Vielfalt! Das ganze Viertel ist eine große, lebendige Ausstellung. Einen kostenlosen Audioguide für Besuchende gibt es übrigens auch. Die CDW-Stiftung hat eine vier Kilometer lange Route ausgeheckt, die euch zu den schenswertesten Orten führt. Hier sind wirklich Stadt- und Kunstliebhabende am Werk. Wie toll! Während ich noch staune, hat Gerrit schon ein paar Spraydosen gezückt. Bei der sogenannten »Hall of Fame« darf nämlich jeder ran. Auf 3.000 Quadratmetern Fläche ist Platz für eure Sprayversuche. Ich verewige mich mit meinem Namen im »Raum für urbane Experimente«, einer Unterführung, die in allen Farben schillert. Ob mein »Tobi« da noch steht? Vielleicht geht ihr mal nachgucken.

Hier gibt es den Audioguide und Infos über die Streetart-Szene in Kassel: https://www.cdw-stiftung.de/audioguide-streetart-in-kassel/
www.kassel.de/public-art-gallery

So ein Spaziergang macht hungrig und nach so viel Kunst am Bau könnten wir ein bisschen Kunst auf dem Teller vertragen. Eine echte Kasseler Spezialität macht uns neugierig: der Casseler Hornaffe.

Kein Tier, sondern bestes Gebäck.

Casseler Hornaffe – Bäckerei Becker

Jede Region hat ihre eigenen Spezialitäten. In Kassel ist es der »Casseler Hornaffe«. Ich gebe zu, ich habe nie davon gehört und könnte mir alles Mögliche darunter vorstellen. Aber bevor meine Fantasie mit mir durchgeht, frage ich lieber Andreas, der die Hornaffen bei sich in der eigenen Backstube herstellt. Er ist in vierter Generation Bäcker in Kassel. Sein Uropa Ferdinand eröffnete 1908 den ersten Laden und seitdem werden Handwerk und Geschäft in der Familie weitergeführt.

Süßes Traditionsgebäck ist der »Casseler Hornaffe«

Andreas erklärt mir, dass der Hornaffe ein süßes Hefegebäck ist, ähnlich wie ein Plunder mit Rosinen, Orangeat und Mandeln drin. Wie es der Zufall will, hat er gerade einen frischgebackenen Hornaffen da und lässt mich probieren: Saftig, süß und sehr lecker schmeckt er. Traditionell wird er in Kassel zum Jahreswechsel gegessen. Aber wenn ihr meine Meinung hören wollt: Ich finde, den Casseler Hornaffen könnte es viel öfter geben, und ich bin froh, dass Andreas die Sache genauso sieht.

Bäckerei Becker · Andreas Becker
Friedrich-Ebert-Straße 119 · 34119 Kassel
Tel.: 0561-12754 · www.baecker-becker-kassel.de

Wir haben Kraft getankt für unser nächstes Abenteuer, und das ist gut so. Es geht in die Kasseler Unterwelt, und dafür braucht ihr nicht nur eine Taschenlampe, sondern auch starke Nerven.

Wer sich hier reintraut, darf nicht ängstlich sein.

Kulturbunker Kassel

Ein Teil von Kassels Geschichte liegt tief unter der Erde, in den ehemaligen Bunkeranlagen. Früher gab es hier in der Stadt viele solcher Schutzräume, unter der Erde genauso wie darüber. Viele davon sind mittlerweile verkauft und dienen als Proberäume für Bands, moderne Wohnungen oder Büros. Zwei Bunker unter der

Gleich geht es in die Kasseler Unterwelt

Erde allerdings sind bis heute erhalten. Solche sogenannten Off-Orte sind die Spezialität der Vikonauten, eines gemeinnützigen Vereins, der diese eigentlich unzugänglichen Bereiche erhält und Besuche möglich macht. Ich werde abgeholt von Bernd, der mich erst eine Treppe runter und dann durch eine schwere Eisentür lotst. Dahinter verbirgt sich ein Bunker von 1940. Das hier, erklärt Bernd mir, war ein Bunker der Reichsbahn und damit eine der schickeren Notunterkünfte. Es gab Sitz- und Liegeplätze, Toiletten und mehrere beleuchtete Räume. Hier tauchten Nazigrößen ab, wenn es oben brenzlig wurde. Laut Zeitzeugen kamen sie in schicken Uniformen und Pelzmänteln her und warteten hier die Bombenangriffe ab. Tafeln, Übersichtskarten und zahlreiche Dokumente aus der Zeit zeugen von diesem unterirdischen Treiben. Wie anders es für die normale Bevölkerung aussah, das zeigt Bernd mir ein Stück weiter. Zwölf Meter unter der Erde liegt der Viktoriabunker, ein ehemaliger Luftschutzstollen. Was für ein Unterschied zu dem, was wir gerade gesehen haben: Hier gibt es keinen Komfort, nur raue Steinwände und Stehplätze für Hunderte, dicht gedrängte Menschen. Körper an Körper warteten sie hier, bis das Schlimmste vorbei war. Bei dem Gedanken daran schnürt sich mir die Kehle zu. Es ist beklemmend und faszinierend zugleich. Als ich das sage, nickt Bernd nur. Ihm geht es ähnlich. Auch deswegen wollen er und die Vikonauten solche Orte erhalten. Damit wir nie vergessen, wie schön der Frieden ist.

Kulturbunker Kassel · ViKoNauten e.V.
Friedrich-Engels-Str. 27 · 34117 Kassel
Tel.: 0151-62796366 · www.vikonauten.de

Kunst und Kultur warten überall auf euch.

Ganz schön durchgeschüttelt tauchen wir wieder auf in den Kasseler Tag. Hier oben tobt das Leben. Kassel ist immerhin die drittgrößte Stadt Hessens, hier tummeln sich rund 24.000 Studierende und viele Leute mit guten Ideen und einer kreativen Ader. Hier ist die Kunst eben zu Hause und die ist manchmal sogar käuflich, für ganz kleines Geld.

Wo ihr hinguckt, gibt's Liebe für Kassel

STADTLIEBE

»Stadtliebe« steht über dem kleinen, gemütlichen Laden geschrieben und hier drinnen kriegt ihr genau das: Dinge, die mit Liebe gemacht sind und Liebe zu Kassel zeigen. Hier findet ihr Bilder, Klamotten, Spiele oder Frühstücksbrettchen mit typischen Stadtmotiven, etwa von der Skyline oder dem Waschbären, der sich hier vor vielen Jahren angesiedelt hat. Die Dinge, die es hier gibt, sind alle selbst gemacht und selbst ausgedacht von Timm, Lars und Chengjie. Die drei Freunde haben sich auf der Kunsthochschule kennengelernt und aus ihrer Liebe zu Kassel ihr eigenes kreatives Projekt gemacht. Ich bringe mir und meinen Lieben eine Tasse, Spielkarten und eine Brotdose mit. So trägt man Kassel nicht nur im Herzen, sondern hat es auch im Alltag immer bei sich. Was für eine gute Idee.

Die Stadtliebe
Friedrich-Ebert-Str. 101 · 34119 Kassel
Tel.: 0561-50348873 · www.soki-store.de/labels/die-stadtliebe

Von einem liebevoll geführten Laden geht unser Weg weiter, direkt in das nächste Kasseler Schmuckstück. Hier gibt es allerdings keine Mitbringsel, sondern selbst gebrautes Bier.

Na denn, hoch die Gläser, Prost auf Kassel!

Braumanufaktur Steckenpferd

Gutes Bier muss nicht immer aus einer großen, bekannten Brauerei kommen, es kann auch von kreativen Köpfen in kleinen Mengen in Kassel gebraut werden. Das ist das Credo von Johannes und Erik, die gemeinsam die Braumanufaktur »Steckenpferd« führen. Hier findet ihr eine sehr urige Mischung aus privater Brauerei und lässiger Bar, die mich schon beim Reinkommen begeistert.

Früher war dieser Laden mal eine Metzgerei, und weil Johannes und Erik etwas Besonderes schaffen wollten, haben sie Teile der alten Einrichtung einfach behalten. Nun zieren Fliesen und Wursthaken die

Kleine Gläser zum Pro-»Bieren«

Wände und machen sich zwischen den Barhockern und rustikalen Tischen ganz fantastisch. Die eigene Brauerei, die das Bier für die Bar liefert, ist aus einem Hobby entstanden. Das Steckenpferd von Johannes und Erik, daher hat der Laden seinen Namen. Hier ist alles auf sehr charmante Weise durchdacht. Übrigens, wer sich zwischen den verschiedenen Bieren nicht sofort entscheiden kann, nimmt das »Tasting Board« mit mehreren kleinen »Pro-Bierchen«: Ich trinke mich durch Kellerbier mit cremigem Schaum, ein naturtrübes Pils und ein Pale Ale und weiß danach, was mein Favorit ist. Ihr solltet das selbst herausfinden.

Früher war die Braumanufaktur eine Metzgerei

Braumanufaktur Steckenpferd
Kastenalsgasse 8 · 34117 Kassel
Tel.: 0561-92011470 · www.braumanufaktur-steckenpferd.de

Wir sind viel gelaufen, in und unter der Stadt, wir haben Mitbringsel gefunden und jetzt brauchen wir natürlich noch ein gutes Abendessen und ein gemütliches Bett. Beides bekommen wir in einer Location, die uns von vielen Kasselanern ans Herz gelegt worden ist.

Kassels »Wilder Westen«

Sieht aus wie Kanada, ist aber Kassel – das Timberjacks

Timberjacks Hotel & Restaurant

Wer gedacht hat, der Wilde Westen sei im hessischen Norden weit weg, der irrt. Im »Timberjacks« findet ihr ihn. Der Laden ist Restaurant und Hotelanlage in einem und ich sage euch: Größe wird hier neu definiert. In dem rustikalen Holzbau ist alles XXL. Die Halle, die mit ihren dunklen Balken an eine riesige Hütte erinnert, die Elchgeweihe an den Wänden, das prasselnde Kaminfeuer und die Vitrine mit dem Dry Aged Rindfleisch. Die ersten Minuten verbringe ich nur mit Staunen, dann läuft mir das Wasser im Mund zusammen. Ich denke an die gut abgehangenen Steaks in der Vitrine und kann mich nicht entscheiden, was ich essen will. Simone, die sich hier um mich kümmert, kennt das schon. Sie empfiehlt das Tomahawk Steak und bringt in weiser Voraussicht gleich zwei Bestecke dafür mit. Obwohl ich kein Problem mit großen Portionen habe, teile ich hier gerne. Es ist genug da, es schmeckt himmlisch und ich schwöre euch, hier vergesst ihr Zeit und Ort. Übernachten könnt ihr übrigens auch und natürlich ist hier die Auswahl

Aus gut abgehangenem Fleisch werden riesige Steaks für die Gäste

groß: Es gibt gleich zwei Hotels und ein Chalet für Gäste. Wilder Westen mit ganz viel Komfort.

Timberjacks Kassel
Raiffeisenstraße 22 · 34121 Kassel
Tel.: 0561-8794820 · www.timberjacks.com/kassel

Unser Fazit:

Ist Kassel mehr als die documenta-Stadt? Ja! Neben all den offensichtlichen schönen Dingen, wie dem Bergpark, dem Fridericianum oder der Grimmwelt, ist Kassel eine Stadt für den zweiten Blick! Die Einheimischen sind die beste Anlaufstelle, um die echten Geheimtipps zu entdecken. Fragt nach und ihr werdet garantiert belohnt.

WITZENHAUSEN

Der Norden von Hessen ist grün und idyllisch und genau dort liegt auch die Heimat der Kirsche, in Witzenhausen. Rund 16.000 Einwohnerinnen und Einwohner hat das Fachwerk-Städtchen, und die verteilen sich zwischen Kirschplantagen und bewaldeten Hügeln auf insgesamt 17 Ortsteile. Nirgendwo in Europa werden so viele Kirschen angebaut wie hier. Im Frühjahr lockt das jede Menge Touristinnen und Touristen an, die sich kaum sattsehen können an der blühenden Pracht, und auch wenn im Juli »Kesperkirmes« gefeiert wird, kommen Tausende. Doch was bietet Witzenhausen abseits der Kirschenpracht? Wir werden es herausfinden.

Rundflug beim Luftsportverein Witzenhausen

Egal wo ich bin, versuche ich erst mal einen Überblick zu bekommen. In Witzenhausen geht das sogar aus der Luft. Meine erste Station führt

Witzenhausen vom Segelflugzeug aus macht eine Riesenfreude

mich direkt auf die Startbahn des Luftsportvereins. Thomas will mir seine Heimat bei einem Rundflug zeigen und dafür erwartet er mich mit einem Zweisitzer-Segelflugzeug. Nach einer kurzen Einführung, bei der ich unfreiwillig erfahre, was ich zu tun hätte, falls wir abstürzten, geht es los. Ein Motorflieger zieht uns mit Karacho über die Wiese, dann heben wir ab. Mein Magen macht einen kleinen Salto, aber als ich die grünen Wälder, die Fachwerkhäuschen und die Werra unter mir liegen sehe, beruhigt sich mein Bauch und Freude macht sich breit. Was für eine Aussicht! Thomas freut sich mit mir und erzählt, dass er bei einem Rundflug wie diesem sein Herz an die Fliegerei verloren hat. 15 Jahre alt war er damals und wusste: Das hier ist genau sein Ding. Heute ist er Fluglehrer und teilt seine Begeisterung mit Leuten wie mir. Mutig übergibt er mir irgendwann das Ruder und ich fliege meine erste Linkskurve. Ein Wahnsinnsgefühl.

LSV Witzenhausen e. V.
Postfach 1412 · 37204 Witzenhausen
Tel.: 05542-2349 · www.luftsportverein-witzenhausen.de

Was es von oben zu sehen gab, wollen wir jetzt natürlich auch noch mal aus der Nähe entdecken. Eine Welt aus Pflanzen wartet auf uns, und damit sind ausnahmsweise mal nicht die Kirschbäume gemeint. Wir fahren zu einem Ableger der Uni Kassel, genauer gesagt zum Fachbereich »Ökologische Agrarwissenschaften«, der hier einen Garten angepflanzt hat, den wir so noch nie gesehen haben.

Der Garten Eden auf Nordhessisch.

Garten und Tropenhaus der »Ökologischen Agrarwissenschaften«

Wenn der Garten Eden irgendwo tatsächlich existiert, dann wahrscheinlich auf diesem Unigelände. Zwischen Bananenbäumen, blühenden Büschen und mir völlig unbekannten Kräutlein treffe ich

Im Forschungsgarten wächst alles, was Menschen zum Leben brauchen

Marina. Es ist ein großes Experiment, was wir hier sehen, erklärt sie, denn in diesem Garten wächst buchstäblich alles, was wir Menschen zum Leben brauchen. Neben Obst, Getreide, Gemüse, Gewürzen und Kräutern finden sich hier auch Pflanzen, die erst auf den zweiten Blick nützlich sind. Etwa zur Herstellung von Gummi, Papier oder Medizin.

Vieles was in den Gewächshäusern oder draußen zu finden ist, kenne ich nicht, und bei dem Anblick von Bananen oder exotischen roten Blüten vergesse ich kurz, dass ich eigentlich in Nordhessen bin. Alles, was hier zu sehen ist, haben die Forscher angepflanzt, um herauszufinden, wie viel Fläche wir Menschen wirklich benötigen, um davon leben zu können. Es gibt pflanzliche Experimente wie die drei Schwestern Bohnen, Mais und Kürbis, die sich in einer Gemeinschaft perfekt ergänzen und die besten Nachbarn sind. Kleiner Tipp für alle Hobbygärtner. Am meisten begeistert mich aber die Geschichte des China-Rindenbaums. Marina erzählt, dass der in seiner Rinde Chinin produziert. Eigentlich ein probates Mittel gegen Malaria. Ein gebürtiger Witzenhäuser hat aber noch eine andere Verwendung dafür gefunden. Aus dem Chinin der Rinde hat er ein Getränk gemacht, das jeder von euch kennt: Das Getränk heißt Tonic Water und der Mann, der es erfunden hat, war Jakob Schweppe. Na, klingelt es bei euch? Damit hat ein Hesse die Grundlage für viele schöne Kneipenabende gelegt. Der Rest ist Gin und Geschichte.

Universität Kassel / Fachbereich 11
Ökologische Agrarwissenschaften
Steinstr. 19 · 37213 Witzenhausen
Tel.: 05542 98-1211 · https://termine.uni-kassel.de/event/fuhrungen-im-lehr-und-lerngarten-buchen?_locale=de

Diese Pflanzenwunderwelt war eine echte Überraschung und weil wir schon mal draußen sind, bleiben wir noch ein bisschen an der frischen Luft. Wanderwege gibt es rund um Witzenhausen viele, aber wir wollen dieses Mal lieber jemand anderen für uns laufen lassen.

Beine hoch und Landschaft genießen.

Kutschfahrt

Wer es nicht so mit Wandern hat, überlässt das einfach Silvano und Sultan. Die beiden riesigen Kerle sind waschechte Kaltblutpferde mit handtellergroßen Hufen, dicken Mähnen und jeder Menge Zugkraft. Zwischen den beiden komme ich mir mit meinen 1,85 Metern eher schmächtig vor. Angst braucht man vor ihnen aber nicht zu haben, die beiden Pferde sind die Ruhe selbst und der ganze Stolz von Gerold, der in seiner Freizeit Kutschfahrten durch die Region anbietet. Für ihn ist es bloß ein Nebenverdienst, aber ohne Pferde kann Gerold einfach nicht sein. Er ist mit ihnen groß geworden und hat schon als Zwölfjähriger mit Pferd und Wagen Kartoffeln vom Feld geholt. Als er mit 18 Jahren den elterlichen Hof verließ, ging er mit Koffer und Pferd, und seitdem war er nie ohne. Jetzt nimmt er in seiner freien Zeit Touristen, Geburtstagsgesellschaften oder Junggesellinnenabschiede in seinem Planwagen mit und zeigt ihnen die Gegend. Sein Sohn Pascal hilft ihm dabei, ein Fahrtbier gibt es auch und ich finde, es ist die beste Art, Kilometer zu machen.

Gottschalks Planwagenfahrten · Gerold Gottschalk
Kirchstraße 45 · 37215 Witzenhausen-Hundelshausen
Tel.: 05542-71438 · www.gottschalk-planwagenfahrten.de

So viel frische Luft macht hungrig, und es wäre doch gelacht, wenn wir im Kirschenparadies Witzenhausen nicht auch was Leckeres zu essen finden würden. Unsere Suche nach einer Küche, die von dieser Region inspiriert ist, führt uns direkt zu unserem nächsten Ziel.

Die kreative Kirsch-Küche von Tobias.

Hof Kindervatter

Umgeben von Kirschplantagen liegt der Hof von Tobias. Hier gibt es alles, was ihr braucht, um euren Hunger zu stillen. Im Hofladen findet ihr selbst gemachte Marmeladen, Säfte oder Wurst, nebenan im Restaurant warten märchenhafte Gerichte. Tobias kocht selbst und er denkt sich zusammen mit seinem Team immer wieder neue, spannende Kompositionen aus. Kirschravioli zum Beispiel, rote Beete Suppe mit Kirschen und Fleischeinlage und vieles, was ihr sonst nirgendwo anders bekommt. Ihr könnt sogar dabei sein. Beim hauseigenen Wettbewerb, dem »Kampf der Köche«, treten Tobias und sein Kollege regelmäßig gegeneinander an. Aus vorgegebenen Zutaten müssen sie dann ein Menü herstellen, und wer die meisten Punkte dafür einsammelt, gewinnt. Die Jury seid ihr. Ich darf handgemachte Kirschravioli probieren, mit frischen Pfifferlingen und saftigem Fleisch, und vergebe dafür die volle Punktzahl.

Auf dem Hof und im Restaurant spielen Kirschen die Hauptrolle

Hof Kindervatter · Tobias Kindervatter
Auf der roten Leithe 1 · 37213 Witzenhausen
Tel.: 05542 2620 www.hof-kindervatter.de

Mit vollem Bauch machen wir uns wieder auf den Weg. Der Nachtisch steht noch aus, aber zu dem kommen wir später. Vorher tauchen wir noch einmal ab in die Vergangenheit. Hier in der Gegend gibt es viele Schlösser und Burgen und in einer davon kann man sogar übernachten.

Auf Burg Ludwigstein sind alle willkommen.

Burg Ludwigstein

Ich kenne Ritterburgen und Hochburgen, aber eine Jugendburg, das ist mir neu. Genau so wird die Burg Ludwigstein, etwas außerhalb von Witzenhausen, genannt. Seit 1920 gehört sie den Jugendbünden, seitdem kümmern sich Pfadfinder, Wandervögel und andere Jugendverbindungen darum. Rund 5.000 Arbeitsstunden leisten sie jedes Jahr freiwillig, um dieses Schmuckstück zu erhalten. Bei meinem Besuch treffe ich Mio und Zö, die ihren Bundesfreiwilligendienst auf der Burg leisten, hier wohnen, Gäste betreuen und sich selber mit einem Lachen die »Mädchen für Alles« nennen. Hier werden Paare getraut, Feste gefeiert und man kann sogar übernachten. Entweder in den einfach eingerichteten Zimmern oder auf dem Campingplatz nebenan.

Manchmal, erzählen Zö und Mio, kommen Jugendgruppen auch spontan vorbei. Wenn sie auf Tour sind, von schlechtem Wetter überrascht werden und keine Unterkunft haben. Für solche Fälle steht die sogenannte »Torklause« bereit. Ein großes Zimmer, das genauso eingerichtet ist wie schon in den 1920er Jahren. Tagsüber ist es ein Museum, ab 18 Uhr ein Schlafsaal für bis zu 14 Leute. Die kommen in einem riesigen Stockbett unter, auf dem gleich mehrere Matratzen neben- und über-

Diese imposante Burg wird von Jugendbünden in Schuss gehalten

einanderliegen. Wer kommt, wirft seinen Schlafsack drauf und hat einen Platz in der wahrscheinlich größten Bettstatt Hessens. Kein Sternehotel, aber saugemütlich.

Stiftung Jugendburg Ludwigstein
Burg Ludwigstein · 37214 Witzenhausen
Tel.: 05542-501710 · www.burgludwigstein.de

Wir hatten vorhin über Nachtisch gesprochen. Langsam wird es Zeit dafür und deswegen fahren wir wieder rein nach Witzenhausen. Hier wohnt angeblich die Tortenkönigin des Werra-Meißner-Kreises. Da müssen wir hin.

Torte & Kaffee = großes Glück

Hofcafé Ermschwerd

»Es gibt viele Wege zum Glück – einer davon ist backen.« Dieser Spruch empfängt uns, als wir bei Heike und ihrem Mann auf dem Hof ankommen. Im ehemaligen Schweinestall haben die beiden ein Café eingerichtet und beim Anblick der Kuchenauslage läuft mir das Wasser im Mund zusammen. Hier warten Banane-Rote-Grütze-Torte, Zebratorte oder Zitronen-Sahne-Torte darauf, gegessen zu werden. Natürlich sind alle selbst gebacken, in Heikes Landküche nebenan. Dass sie heute hier mit so viel Liebe und Energie backt, hätte sie sich selbst vor ein paar Jahren noch nicht träumen lassen. Ihr Verhältnis zum Backen war lange kein Gutes. Groß geworden ist Heike in der ehemaligen DDR und als junge Frau träumte sie davon, Sportlehrerin zu werden. Wahr geworden ist dieser Traum nie. Ihre Eltern waren nicht in der Partei, deswegen durfte Heike nicht studieren, sondern war gezwungen, ein Handwerk zu lernen. Sie wurde Bäckerin und hasste es. Sobald sie konnte, kehrte sie der Backstube den Rücken und ging stattdessen in den Einzelhandel. Nach ein paar Jahren zog es Heike dann doch wieder in die Küche. Sie versöhnte sich mit dem Backen, erst privat und nach einiger Zeit auch beruflich. Eine Liebe auf Umwegen und ein Happy End, über das wir uns alle freuen können. Denn das, was Heike euch auf den Kuchenteller zaubert, ist Championsleague.

Hofcafé Ermschwerd
Witzenhäuser Landstraße 12 · 37217 Witzenhausen
Tel.: 05542-5013964

Heikes Torten und ihr Hof haben uns begeistert und es ist beileibe nicht der einzige Platz in Witzenhausen, an dem ihr es euch gemütlich machen könnt. Wir fahren weiter, direkt an der Werra gibt es eines der schönsten Open-Air-Cafés in ganz Hessen.

Nadine hat den perfekten Platz gefunden!

Chez Nadine

Ich liebe Städte, die am Wasser liegen. Irgendwo sitzen, auf die Wellen gucken oder das Plätschern eines Flusses hören macht mich einfach glücklich. Den perfekten Platz dafür hat Nadine in Witzenhausen, direkt an der Werra, geschaffen. Sie hat sich hier gleich zwei Träume erfüllt: Sie wollte einen guten Ort finden und ein eigenes Café. Beides ist ihr gelungen. Eine rustikale Holzbar, Biergarnituren im Grünen und Panorama-Bänke direkt am Wasser laden zum Bleiben ein. Serviert werden euch hier zum Beispiel frische Kirschlimo aus der Region und leckere Flammkuchen. Einfach und gut, so lässt es sich leben. Nadine hat nach vielen Stationen von Luxemburg bis Singapur hier ihren Ruhepol gefunden. Das Café ist ihre große Liebe, ihre Gäste sind für sie Besuch, über den sie sich freut.

Chez Nadine, Café am Werraufer
(geöffnet in den Sommermonaten) · An der Schlagd
Hinter den Garagen auf der Werrawiese
37213 Witzenhausen · Tel.: 01525-5126634
https://chez-nadine-cafe-am-werraufer-37213-witzenhausen.brunch-lunch-dinner.de

Ein traumhafter Ort für flirrende Sommertage ist das »Chez Nadine«

Das kleine Witzenhausen ist offenbar ein Ort, an dem man gut stranden kann. Wir haben das Gefühl, dass es hier ganz besonders viele Leute mit interessanten Geschichten und großen Visionen gibt. Sogar gewohnt wird hier oftmals ungewöhnlich, in alternativen Wohnprojekten, Kommunen oder Wagenburgen. Logisch, dass es auch für uns etwas Besonderes zum Übernachten gibt.

Gemütlich.
Gemütlicher.
Bauwagen.

Übernachten im Bauwagen

Ein verliebter Student hat dafür gesorgt, dass wir in Ziegenhagen eine wirklich tolle Schlafstätte finden. Vor 30 Jahren kam er auf den Hof, der heute Anja und ihrem Mann gehört. Damals lebte noch die Frau seiner Träume in dem großen Bauernhaus, in das er als fremder Student aber nicht hineindurfte. Nachdem er tapfer beschlossen hatte, auf seine Liebste zu warten, und hartnäckig den Hof besetzte, bekam er die Erlaubnis, sich im Gar-

Ein eigenes Haus im Grünen? Könnt ihr haben …

ten einen Schlafplatz zu bauen. Das hat er so gut gemacht, dass Anja das Schmuckstück bis heute an Gäste vermietet. Es gibt ein großes Bett, einen Holzofen für kühle Abende, eine Terrasse und sogar eine Außenküche. Es riecht nach Holz, das Licht fällt von allen Seiten hinein, und das alles liegt so versteckt in Anjas grünem Garten, dass ihr das Gefühl habt, ganz alleine hier zu sein. Romantik am Limit und ein würdiger Abschluss für einen aufregenden Tag in Witzenhausen.

Ein verliebter Student hat diese tolle Unterkunft gebaut

Vermietung über Airbnb:
https://www.airbnb.de/rooms/50805712?source_impression_id=p3_1665687097_bP5Dmjw1tuBexsye

Unser Fazit:

Wir sind in die europäische Hauptstadt der Kirschen gefahren und haben viel mehr gefunden als das. Witzenhausen hat uns bezaubert, mit alten Gemäuern, besonderen Plätzen und echten Leckereien. Auf euch warten interessante Leute, die eine Menge zu erzählen haben. Bei einer frischen Kirschlimo zum Beispiel oder einem Gin Tonic, den es ohne Witzenhausen – ihr erinnert euch – nie gegeben hätte.

Bis zum nächsten Mal …

DIE AUTOREN

Tobi Kämmerer arbeitet als Radio- und Fernsehmoderator für den Hessischen Rundfunk. In der hr3-Morningshow weckt er jeden Morgen das schönste aller Bundesländer – in »Tobis Städtetrip« entdeckt er es hautnah vor Ort.

Tina Wurster kommt aus dem Ruhrpott und lebt und arbeitet seit Jahren in Freiburg und Frankfurt. Sie ist unter anderem als Redakteurin beim Hessischen Rundfunk (hr3) und als Sprecherin tätig.